# 巴甫洛夫传

段丽钢◎著

时代文艺出版社

图书在版编目（CIP）数据

巴甫洛夫传 / 段丽钢著. —长春：时代文艺出版社，2012.1（2021.5重印）

ISBN 978-7-5387-3902-2

Ⅰ. ①巴… Ⅱ. ①段… Ⅲ. ①巴甫洛夫，I.P（1849～1936）－传记 Ⅳ. ①K835.126.15

中国版本图书馆CIP数据核字（2011）第271687号

出 品 人  陈　琛
责任编辑  初昆阳
助理编辑  孙英起
装帧设计  孙　利
排版制作  隋淑凤

# 巴甫洛夫传

段丽钢　著

出版发行 / 时代文艺出版社
地址 / 长春市福祉大路5788号　龙腾国际大厦A座15层　邮编 / 130118
总编办 / 0431-81629751　发行部 / 0431-81629755
官方微博 / weibo.com / tlapress　天猫旗舰店 / sdwycbsgf.tmall.com
印刷 / 保定市铭泰达印刷有限公司
开本 / 710mm×1000mm　1 / 16　字数 / 140千字　印张 / 12
版次 / 2013年1月第1版　印次 / 2021年5月第3次印刷　定价 / 39.80元

# 授 奖 辞

## *Award-winning Remarks*

在消化的生理学研究上的工作，这一主题的重要方面的知识由此被转化和扩增。

——诺贝尔奖委员会

# 目录
Contents

　　如果说人生是一曲有高音低音的美妙乐曲，那么爱情应该是其中最动听的部分；如果想要把人生的乐曲奏得激扬慷慨，那么青年时代的序曲无疑是最关键的一章；而接下来的部分，需要我们用平和的心灵，用持之以恒的毅力和耐心、用谦虚和热情去弹奏好生命之歌中的每一个旋律，作一个富有激情和爱心，平凡而又伟大的人。是这样的，不错，这就是伊凡·彼得罗维奇·巴甫洛夫的一生写照。

　　对未来生活充满了激情与梦想，对甜蜜爱情充满了无比渴望，像无数懵懂少年一样，巴甫洛夫的年轻时代诗意而优美，积极乐观、奋发向上。他常常参加一些著名的文艺沙龙，其中包括陀思妥耶夫斯基、屠格涅夫这样的文学巨子，而他与后来的妻子就是在这样的场合认识的。

　　巴甫洛夫和谢拉菲玛两人一见钟情，当然他希望和谢拉菲玛既能分享爱情的甜蜜，又能获得家人的祝福，然而，他的爱情之路充满了坎坷。因为两个人的有着迥然不同的性格。巴甫洛夫冷静理智，喜欢深思熟虑，对生活总有深刻的分析，对问题有独到的见解。

谢拉菲玛则是一个幽默、活泼，充满幻想和青春活力的少女。但是寻求真理，为祖国和人民勇于献身的共同理想，还有对莎士比亚等人的崇拜，还有对陀思妥耶夫斯基，对屠格洛夫的敬重……将他们紧紧地连在一起，这两人花前月下，鸿雁传情，最终走到了一起。

伊凡·彼得罗维奇·巴甫洛夫的少年时代受到良好的教育与影响。他曾虔诚地受教于自己的教父。一个知识渊博、勤奋刻苦的修道院院长。他对伊凡严爱兼备，教育有方，而他那俭朴的生活，善良的品德，在巴甫洛夫小小的心灵里留下了难以磨灭的印象。在教父的引导下，巴甫洛夫博览群书，才华过人，富有远见卓识。

巴甫洛夫在科学的道路上经历坎坷与艰辛，他曾经对自己甚至能否作一名普通的主治医师产生怀疑，更不用说做科学家，而因此陷入绝望。但是对科学的信念，为人类献身的崇高理想，以及对"心爱的生理学"而忘我工作的执著精神，与在研究过程中极为严谨，一丝不苟的态度，终于使他达到了光辉的顶点。

在战争的时代，在尼古拉二世时期的唯心主义大行其道，畅行无阻的情形下，他曾遭到摧残，他的研究在国外也因为"唯物主义气味太浓"而被某些权威拒之门外。更加令人痛心的是，当时不少科学家对他怀有戒心，甚至他的好几个得意弟子和助手也与他分道扬镳。而身边最亲密的人——爱妻谢拉菲玛看他的目光里，也充满了不安和恐惧。

眼前艰难的一切并没有让他退却，他还诙谐地说："狂吠已从阴洞里向我袭来，可我的小狗叫的比他还欢畅。"

巴甫洛夫是前苏联最伟大的生理学家之一，更是俄罗斯生理学派的始创者。巴甫洛夫毕生从事着心脏心理、消化生理和高级神经活动生理的研究。他遵照循序渐进的方法，凭着执著的热情和严谨的治学态度在一个又一个科学领域卓有建树。他在研究消化生理过程中形成的条件反射概念，开辟出高级神经活动生理学的研究。从1903年起，他连续30年致力于这一新领域的研究发展。晚年，巴甫洛夫转入精神病学的研究，并提出两个信号系统学说。巴甫洛夫的高级神经活动学说对于医学、心理学以至哲学等方面都有不菲的影响，这一成功使他获得1904年的世界科学最高荣誉：诺贝尔生理或医学奖。

即使在生活条件十分艰苦的时期，巴甫洛夫也将科学研究放在无比重要的位置。苏联战争时期，列宁托高尔基慰问巴甫活夫，询问是否需要什么帮助或资助，巴甫活夫答道："需要狗，狗！情势是如此危急，以至于我的同事不得不去街上捉狗！"全然不提家中生活困难。献身科学，为科学而活，是巴甫洛夫自觉的神圣使命。

巴甫洛夫取得的卓越成就，使他获得了科学领袖、院士等极高声誉，许多国外的机构纷纷许以优厚的待遇邀请他去工作，并答应满足他从事科学工作的一切需要。然而他根本没想到要离开，继续留在社会主义祖国进行他的工作、生活。在他病重的时候，即将弥留之际，还不忘记录下对死亡的感受，给科学界留下一笔宝贵的财富。

巴甫洛夫的一生，理想与追求、成功与失败、挫折与探索、胜利和喜悦，像一曲曲乐章，始终交织在一起，构成了他绚丽多彩、气势磅礴的一生。但他始终不忘自己是社会主义祖国的儿子，是人民的科学家，终其一生不知倦怠地进行着自己的科学研究。

第一章　浪漫爱情

> 将爱意如和风细雨般渗透，等对方养成了习惯，再褫夺之，这样她就会因为习惯与害怕失去而和你在一起。
>
> ——巴甫洛夫

# 1. 文艺沙龙

阳光从树叶的缝隙间洒下，街上远远地就能听到圣彼得堡涅瓦大街和莫伊卡街交叉路口附近的一所房子里，传出的阵阵喧闹声。仔细倾听还可以听到一阵哄笑和敲击桌椅的声音。原来，圣彼得堡大学的一些年轻学生正在这里举行文艺沙龙。他们之中有后来著名的作家、歌唱家、音乐家。

走进房间，可以一眼看到整个客厅的布局。屋中心一张长长的桌子上铺着白得晃眼的桌布。桌子上面摆着各种茶、面点、水果还有葡萄酒。几个神态各异的年轻人随意地坐在桌子边，有陀思妥耶夫斯基、屠格涅夫、普列谢耶夫、梅利尼科夫等等。

陀思妥耶夫斯基此时站在屋子一角，他隔一会儿就会起来走动一下，再喝一口加了柠檬的酽茶。屠格涅夫，绷起他的脸，努力表现出沉静成熟的样子，但有时也会和经过他身边的漂亮女士开些无伤大雅的玩笑。梅利尼科夫则只顾埋头津津有味地品尝面前的水果、点心……

屠格涅夫身材高大，他第一个站出来朗诵自己的作品。在他一头浓密的头发下，是一张面部表情丰富的脸孔，看起来聪明过人。他像演员那样声情并茂地朗诵，用不同的声音朗诵不同的角色，用不同的语调刻画每一个角色，《歌手》中的"歌手们"简直活灵活现地出现在听众面前。朗诵结束时，听众们都给他以雷鸣般的掌声和喝彩声。

潮水般的掌声逐渐减弱后，一个身材瘦小人的出现在了台上，他脸色有点苍白，似乎带着病容。接着，他开始用微弱得几乎听不见的声音朗诵自己的作品。

一个穿着黑色连衣裙的姑娘站在离他不远的地方，这个姑娘手臂上佩戴一个标志晚会主持人的白色花结。她一边用手捂了一下嘴唇，一边轻声说了一句："可怜的陀思妥耶夫斯基！"眼睛里的光彩熠熠闪光。这位姑娘正是谢拉菲玛。

过了一会儿，台上的陀思妥耶夫斯基突然发出宏洪亮的嗓音，大家惊讶地仿佛看到了一位"先知"！陀思妥耶夫斯基的神情完全变了，他的眼睛闪烁着灼人的火花，放射出异彩，像闪电一样照亮了着人们的心灵。他的脸上洋溢着一股强大的、鼓舞人心的高尚力量。

当他的朗读结束的时候，大厅里一片欢腾，听众们一边喊着，一边敲打桌椅。可能是太兴奋了，有人竟然把椅子腿都摔折了，他们疯狂地一遍遍地高声喊着："陀思妥耶夫斯基！"

谢拉菲玛激动得哭了起来，她觉得陀思妥耶夫斯基燃起了她为正义和真理而献身的心灵之火。"我当时不记得是谁递给我大衣的。我是怎么回到家里，又是谁送我的，我一点也不记得了，后来才知道，送我回家的是巴甫洛夫"，这位可爱的姑娘在日记中写道。

送谢拉菲玛回家之后，巴甫洛夫就兴奋地一路小跑起来，他愉快地吹着口哨，想着她的一笑一颦。他爱上了谢拉菲玛，迅速坠入了情网之中。陀思妥耶夫斯基的朗诵鼓舞了他，他还是第一次看到陀思妥耶夫斯基这个样子，而且他还结识了一个可爱的姑娘，他相信谢拉菲玛也和自己一样崇拜着陀思妥耶夫斯基。在回家的路上以至一整夜，巴甫洛夫脑海里都想着谢拉菲玛，直到天快亮时才努力使自己合了一会儿眼。天亮后，他便去了自己的实验室。

# 2. 走近谢拉菲玛

自从那晚别过之后，巴甫洛夫就再也没有跟谢拉菲玛见过面。但他却似乎没有办法停止想她，反复回味那晚送她回家的情景，思念在心里滋长。巴甫洛夫懊悔没有和谢拉菲玛约定一个相会的日期。说实在的，那时他的确没有勇气！能和弟弟德米特里商量商量也好啊，可弟弟又是个爱开玩笑的人。正在懊恼中普罗科波维奇邀请巴甫洛夫兄弟到戈尔斯特金大街一个叫叶莲娜的家里去。他说，现在谢拉菲玛住那里。

在路上，巴甫洛夫心情忐忑。他激动之余，还有隐隐的担心。他问常去普罗科波维奇的同学雅科夫："她一定很有钱，很骄傲，能喜欢和我们平民知识分子来往吗？"

"那是你不了解她，她是外省人，生活很清贫的。"巴甫洛夫听他这么一说，一颗提着的心才放下来。

叶莲娜热情好客，她邀请大家进她的房间里喝茶、吃点心、跳舞，她在自己的房间里招待那些客人。到场的有卡佳和她的未婚夫、莉娜和兽医、德米特里和杜尼娅，以及巴甫洛夫和谢拉菲玛等人。

叶莲娜是晚会的主持人，她仪态优美，温文尔雅，总能调动起晚会的气氛，整场晚会既热烈又激动人心。

接着叶莲娜坐在钢琴前，她开始弹奏一首卡德里尔舞曲，大家伴着音乐双双起舞。谢拉菲玛有些腼腆，原本打算在自己的房间招待一些客人，但是叶莲娜邀请大家去她的房间，只好又跟着一起去。对于叶莲娜的音乐修养，她只能在心里表示暗暗称羡。瓦格纳走过来把她拉入了舞池，谢拉菲玛不由得融入狂热的舞曲中。当时巴甫洛夫坐在房间的帷幔后面，他没有跳舞，而是陷入了忧郁的沉思。

很久以后当他向别人说起当时的思绪时，他说："唉，我怎么也下不了决心对她说出她在我心中的地位。谢拉菲玛是吸引我来这里的唯一原因，可我很是自卑，不像瓦格纳那样大胆，短短两个月的时间就敢向她表白。"

在他忧郁思索的时候，他被一个戴着面具的夫人拉了出来，参加一场由杜尼娅的哥哥组织的卡德里尔舞。在这群人中间有一位来自医学院的年轻大学生，他曾师从于来自意大利歌剧院的一位优秀老师，他拥有一个美妙的男中音。在这一伙人里，他不太敢开口说话，可是目光一直紧紧地追随着杜尼娅，看来他是神魂颠倒地爱上了她。

谢拉菲玛在日记中写道："他突然就站了起来，出乎大家意料地走到了我的面前，但是我注意到他的眼睛还是苦苦地望着杜尼娅。'有人要求我为你唱一首咏叹调《奥涅金，我再也不能隐瞒》。'他唱了，唱得很动人，我们向他表示感谢。我告诉他，我想知道是谁使我得到了这样的荣幸。但他不肯向我透露这一点，因为他没有被授命向我透露，说完又回到了杜尼娅身旁的座位上。这时，德米特里调皮地用手指了指坐在帷幔后窗台上的巴甫洛夫。"

这次聚会之后，巴甫洛夫便成了叶莲娜家的常客。他们当中的瓦格纳后来成了华沙的化学教授；切利佐夫在喀琅施塔的航海学校当化学老师；约尔丹斯基成了物理老师，还有医科大学生斯托列尼科夫，医生霍尔莫夫斯基、贡恰罗夫、索布索维奇，兽医M和巴甫洛夫的同乡捷尔斯基。

巴甫洛夫非常腼腆，他喜欢阐发高深的理论，讲话非常讲究逻辑，能将深奥的道理用简单的言语描述出来，生动的语言常常能把人们的注意力吸引过来。但他非常佩服弟弟德米特里，与他不同，德米特里不时会讲出一些趣闻轶事和俏皮话把周围的人迷住。后来在德国的时候，虽然德米特里的德语很生疏，却能谈笑风生地和德国朋友们一起天南海北地胡侃，每次都能得到在场德国朋友的拥护。

瓦格纳则果断、热情，他关注时事，对一切关于热点的疑问都能做出肯定的解答。他坚强的意志令人折服；切利佐夫阐述普拉东勤于思索，他的哲学思想给人留下深刻的印象；一些普通生活现象通常被约尔丹斯基用数字来解释，这让大家感到兴趣盎然；索布索维奇则以他的英俊、温柔而出众；贡恰罗夫常常醉心于革命思想，斯托列尼科夫则一直难开金口，沉默着倾听别人谈话。

这些青年人逐渐熟悉起来，他们常常一起讨论最感兴趣的时事问题和对人生的看法。起初，谢拉菲玛并不喜欢巴甫洛夫过于清醒的人生态度，但不管怎样，谢拉菲玛认为巴甫洛夫在这个圈子里是个非凡的人，于是她开始悄悄留心起来。

"对生活的冷静、清醒态度"。她指的是什么呢？也许是因为巴甫洛夫把自己的一切奉献给科学，此外对什么都不感兴趣。谢拉菲玛当时正是一个热情奔放的18岁姑娘，将为人民服务视为天职，因此巴甫洛夫便给了她这样的感觉。

她在《回忆录》中写道："我们这代人都热衷于献身人民的思想。在人民面前，我们认为自己是负债者，这种想法能激发出我们的热情。"谢拉菲玛认为教育是她的使命，那时"到民间去"的口号是非常流行的。

他们围绕许多可争论的问题而集会、争论、激动、愤怒。俄罗斯因为俄土战争而贫困到了极点，革命风潮此起彼伏。大学生秘密集会，为首者被投进监狱，二百多青年造反受到法庭审判，大家争相传抄他们的辩护词，巴甫洛夫兄弟能把得到的一个手抄本一字不差地背诵下来。

那么到底为什么谢拉菲玛"不喜欢"呢？这很显然，因为她那个年龄的女孩，加上那样热情的性格总是喜欢溢于言表，而巴甫洛夫对待所发生的事情则持一种较为冷静的态度。然而仍有很多东西能使他们走近。

谢拉菲玛曾在《回忆录》中这样记录了自己的感受："意大利著名演员罗西来到圣彼得堡，他将在圣彼得堡剧院表演莎士比亚的名剧，我的教父让我去看戏，还给我们预订了两个座位。我那高兴劲儿真是无法形容！我看到了自己从小就熟悉的莎士比亚人物以最完美的艺术形式展现在眼前。也许巴甫洛夫是对我那充满热情的叙述产生了注意，他非常崇拜莎士比亚。"

# 3. 夏园

夏日的午后，巴甫洛夫和心爱的姑娘约好了要见面。巴甫洛夫心情忐忑，他在心里不停地祈祷：但愿她能来！

当巴甫洛夫来到夏园时，谢拉菲玛比他到得早，看到等他的谢拉菲玛，巴甫洛夫简直欣喜若狂。他丝毫不掩饰对她的感情，他实在不会装腔作势。他用一种坦率、真诚的态度和她讲话，而以前那种曾使他沮丧的拘束早已不复存在了。此时的巴甫洛夫已经不再自卑和腼腆，他兴高采烈地和谢拉菲玛开怀畅谈，关于他们的理想以及生活。

"莎士比亚就是个天才，他就像伟大的荷马一样，无论时间过去多久也不会泯灭。"

"是呀！可居然有人敢说莎士比亚过时了，多么荒唐！"谢拉菲玛附和巴甫洛夫的看法。

"我完全同意你的见解。每个人都拥有感情，比如说爱恋、痛苦、欢乐、憎恨和同情。"

"对，对！爱恋和痛苦！"谢拉菲玛兴奋地接下去："莎士比亚！我不知道世界上还有哪一个戏剧家具有如此震撼人心的力量。我非常非常高兴你也是这种观点……为什么你不说话？难道你不同意我的话？"

"我在听你说呢，你那动听而又充满活力的声音，让我想到了自己的青春。"

"关于你自己的青春你在想什么？"

"我突然发现自己已经没有以前那种激情了，我好像已经变老了，没有激情了……"

"由此可以得出结论：'人的一生只有一次青春，应该很好地利用它。'"谢拉菲玛笑道。"我就是这样做的。不错，我的教育事业因此而大受损失，但我觉得愉快。为了惩罚自己，我准备到乡下姐姐那儿去，深居简出，弥补我所失去的。也许这就是为愉快而付出的代价。"

"我可以给你写信吗？"

"为什么不可以？我会很高兴的。送你一个礼物吧，一支非常好玩的钢笔。"谢拉菲玛从手提包中取出一支雅致的钢笔："请收下吧。"

"好玩在什么地方？"

"你对着这个小孔吹吹看。"她说。巴甫洛夫吹了一下，发出悦耳的哨音。

"妙极了！我就用这支笔给你写信。"

他们一边深情地交谈，一边沿着夏园的小径漫步……走出夏园，他们仍然有说不完的话题。于是他们就漫无目的地沿着涅瓦河岸边的街道前行，不知不觉走了好长时间。这时，他们踏上一条载着桦木段的驳船，依靠着栏杆随着波浪颠簸。三个衣衫褴褛的装卸工把一根根桦木段卸到岸上。

雾气浓浓，害羞的阳光从雾霭中透射出来，在阳光的照耀下，彼得罗帕夫洛夫城堡隐隐可见，堡尖上的天使裹上了一层金色的光芒，河水和两岸的房屋泛着玫瑰般的色彩。黄昏将至，一对对散步的情侣越来越多。巴甫洛夫和谢拉菲玛依依不舍，谁也不想先说离开。

"我比较幸运。"巴甫洛夫说，"在我上中学的时候，政策刚允许中学生上大学。我毫不犹豫，在中学最后一年没上完就去圣彼得堡上大学。就这事，父亲和我大吵了一顿，如今我大学毕业了，现在又上了外科医学院。"

　　"为什么要上外科医学院？"

　　"我们还有许多未知的东西。就拿人的意识来说吧，人类一直没有彻底了解它，通常人们不能解释它便会向上帝求助。"

　　"怎么，你不相信上帝？"

　　"我努力去了解他。"

　　巴甫洛夫转变了话题，要求她讲讲自己的情况，这样气氛缓和了下来。谢拉菲玛喜欢什么、向往什么，和他相识之前是如何生活的，所有这些，他都想要了解。巴甫洛夫想尽可能多地了解自己心爱的人。他心里非常明白，只有深入了解她，才有可能成为她生活中所需要的情投意合的伴侣。

　　"我父亲很早就去世了，"谢拉菲玛说，"不过，值得欣慰的是，我母亲还活着。她身体健康，在别尔江斯克中学当校长，我有几个姐姐，她们都已经出嫁了。巴维尔·谢梅纽塔是我在圣彼得堡的教父，在这儿我只有他一个熟人。他曾经是一个海军将官，和我父亲关系非常好，他们曾一起在黑海舰队服役。"

　　谢拉菲玛停顿了一会，又接着说："海军上将拉扎列夫，甚至还有纳希莫夫，他们经常到我们家来。据教父说，年轻的时候他们都钟情于我母亲，为她那美丽的发辫而倾倒。我现在还记得母亲年轻时候的样子，她总是打扮得非常用心，有一次，她穿着一件纱质的连衣裙，迷人的玫瑰色，上面还有印花，大开领，袖子很短，颈上用一条窄窄的黑色天鹅绒缎带系住一枚钻石十字架，一直垂到裙子的底边。她那时候真是迷人！"

　　"你父亲的职业是什么？"

　　"他是医生。他很慈祥也很乐观，我们大家都很爱他。我从小就非常独立，十二岁就当家庭教师了。后来我打算到圣彼得堡学习，来的时候身上一分钱也没有，我并不害怕，因为我在想，我为什么不能一面上学一面给人上课呢？以前在外省时，我总能容易地找到课教，来圣彼得堡时间比较晚，因为中学毕业时获得的金质奖章，我被师范班录取了。费了好大劲儿，才得到了一个离寓所很远的地方教课的机会。为了挣一个月十五卢布的薪水，我天天去上课，这份微薄的薪水维持了我一年的生活。"

"难道你家里不肯寄钱给你吗？"巴甫洛夫深表同情地问道。因为她的情况正与他相同，他也在做家庭教师，也没有得到家里的帮助。他向学校申请了助学金，还请求校长免去自己的学费才解决了入学问题。

"是的，没有。"

"你母亲也许能……"

"是的，可她不喜欢我跟进步青年在一起。"

"教父的态度呢？"

"噢，我从来没有向他要过什么。我们虽然贫穷，但是内心仍然是高傲的！为了继续交学费，我把皮大衣都送到了当铺。因此只能穿着件厚呢短大衣和便鞋过整个冬天，连套靴都没有。"

"把套靴也当了吗？"

"噢，不是，看戏的时候套靴被人偷走了。戏剧是我生活的一部分，我不能不看戏。为了买到最便宜的票，我都把奖给我的书卖了。我的教父非常好，他仁慈善良，和我关系非常好，我们就像亲生父女一样……"

天慢慢地黑了下来，他们并没有受此影响，依旧在街上漫步，谈着彼此的爱好和向往。

"你不在这里时，我会思念你的。"巴甫洛夫忧郁地说。

"那你就常给我写信吧，我会回信的。"

"真的吗？那我简直是太幸福了。我不敢奢望你会给我回信，只要你肯读一读我的信，我就非常感激了。"

"当然会读，我一定会好好读的！通信会让我觉得我们一直在约会，在谈心。"谢拉菲玛看着巴甫洛夫那蓝色的眼睛，笑意盈盈。

"噢，你说得真是太好了！"巴甫洛夫兴奋地手舞足蹈。他只要心情一舒畅，脸上就会露出孩子般的迷人微笑。


# 4. 书信往来


秋天到了，金黄色的树叶在风中一片一片地飘落下来，巴甫洛夫伏在桌上，面前亮着一盏台灯。他在给谢拉菲玛写信："亲吻你，为最近的这封信，再一次地亲吻你。你这样为我的忧郁而烦恼，是不是太娇惯我了？我想，对我们这种人的一些毛病，有时不妨有所谴责……"

"昨天无政府主义者克鲁鲍特金的侄子，莫斯科大学生尤里·德米特里耶维奇和他的兄弟，还有一个同学到我这里来了。关于陀思妥耶夫斯基的《日记》我们激烈地争论了足足两个小时。你的伊凡完全转向了民粹派，狂热地辩护'到民间去'。"

"……你知道吗？读着你的信，我发现你对祷文非常熟悉，这使我有些恐惧，因为我本人不信上帝，也从来没有祈祷过。我在想，我亲爱的人，她总是喜欢去祈求上帝。"

"我一直深深地记着一件事，那是我们刚刚开始恋爱的时候，不知道你还记着没有，你曾经说过一句话，你说你没有为这件事向上帝祈求。你的这句话深深地打动了我。亲爱的，这使我确信你的爱情，在此之前我压根没想到你会爱上我。看来上帝、祷告并不能代表内心真挚的情感。"

"还有一件事值得告诉你，昨天我开始做实验了，虽然情况不是很好，但是我感觉很满意。在上午做实验前的准备的时候，我的心情有点不好。中午回家吃饭的时候，我的心情更加的糟糕……实验进展非常不顺利，这使我很苦恼，还狠狠骂人发泄了一顿……真想跳进涅瓦河。"

"很奇怪，当这个糟糕透顶的实验要结束的时候，我脑子里突然来了灵感，心情一下子就好了起来，在回家路上真想大声歌唱……亲爱的，关键何在呢？行动，亲爱的，行动！不是语言，而是行动……尽管科学上的结果是令人失望的，可是第一次实验是事业的开端……"

德米特里穿着睡衣、睡眼惺忪地走过来。巴甫洛夫全神贯注地写着信，他连德米特里站到他的身后都没有注意到。

"哎呀，爱情的烈火都把你烤糊了！一夜不睡，你明天还有精神去做实验吗，你要常常看看表啊，都已经凌晨3点多了。"

巴甫洛夫毫无倦意，他伸了个懒腰："德米特里，你知道吗，我像着了魔似的，每当我给谢拉菲玛写信时，我完全感觉不到我们之间的距离，好像她就活生生地站在我的面前。"

"对此我只能表示羡慕。"

"难道你对杜尼娅不是这样的感情吗？"

"有的，伊凡，不过有这么件事，如果你拒不和彼得的未婚妻结婚，妈妈就要我娶她。"

"那你也可以拒绝嘛。真见鬼，这位远房亲戚站在我们每个人面前挡路。"

"我当然不会和彼得的未婚妻结婚，可是为了安慰一下可怜的妈妈，我也不能执意要娶杜尼娅啊。"

"为什么不娶杜尼娅啊？"

"说实话，我是真的不想让妈妈再伤心了，你也知道，妈妈无论如何也是不肯从心里承认谢拉菲玛，我想这个状况即使到了将来也不会有任何改变的。伊凡，你这样做已经让她够难过的了，我不能雪上加霜啊。"

"不过，这是她的事情！"

"可我不能这么说妈妈。"

"那杜尼娅怎么办？"

"杜尼娅吗？我跟她说过我妈妈反对我们结婚，她也没有太难过，只是遗憾地耸了耸肩。我想，可能是我们之间的感情还不够深厚……"德米特里说完苦笑着走了出去。巴甫洛夫则继续投入到忘我地奋笔疾书中。

"你接下去说：'……不过你忘了，我需要按自己的意志行事。我永远也不愿屈从于指导者……'你怎么能这么说呢？结果好像是我要扼杀你的意志。我什么时候规定过你的行动规范？我不过是表达我的印象、我的思想、我的经验。

"你怎么能说我干预了你的事情呢？怎么能说我要指导你呢？这一点也不符合我的本性。我从来不喜欢把自己的观点和意志强加于人，我不知道这算不算得上是我性格中的一个缺陷。但是请你相信，我发自内心地希望平等。至今，我思想上一点也没有违背过这个原则……如果你不相信的话，你大概不能举出一句我暗示要你顺从的话，对吗？难道这不是很清楚吗？我是这么想的，你怎样想你就怎样做……"

"我亲爱的！希望你能重新考虑一下你的想法和印象，我想听听你所得出的全部结论。你认为破坏了平等指的是什么呢？但愿你相信，现在我已经做好了准备，无论我做错了什么，我都请你宽恕我……现在我心里很轻松，你那么坦诚地相信我，这让我非常感动，我真想紧紧地抱住你，热烈地亲吻你，你的伊凡。"

一个晚上很快就过去了，可巴甫洛夫却毫无睡意，满脑子都是谢拉菲玛的身影。他在心里祈祷：谢拉菲玛快点回来吧！因为从她发来的最后一封信看，她也是心情十分热切，盼望来到圣彼得堡……不管怎样说谢拉菲玛歹还在忙于自己的事业，而巴甫洛夫却对学院里的事漠不关心，准备博士学位考试几乎没有什么进展，他几乎把所有时间都花在写信上了。

# 5. 去见父母

谢拉菲玛在去圣彼得堡的途中，抽空去了趟梁赞，去和巴甫洛夫的父亲见面，他们还顺便带上了巴甫洛夫的小弟弟。

巴甫洛夫的家人对她非常冷淡，不知道是因为母亲瓦尔瓦拉背地里说了些难听的话，还是有其他别的什么原因。在和巴甫洛夫的家人告别时，谢拉菲玛心中感到十分委屈。

"为什么，这是为什么？"巴甫洛夫在车站见到他们后，挥着拳头问弟弟。

"哼，也许是因为没有嫁妆吧。"

"真是想钱想疯了！"

"家里是缺钱，今年的苹果又欠收。"

"岂有此理，难道他们就因为这样就为难谢拉菲玛吗？"兄弟俩说着话，谢拉菲玛在和车上偶然遇到的一位中学时代的女友道别，她俩曾在一个班学习。巴甫洛夫一手拉着未婚妻谢拉菲玛，一手提着手提包，慢慢向车站出口走去。

"你在这儿好吗？工作怎样？"谢拉菲玛问道。

"我在工作。"

"就这些？"

"真的是没有什么值得夸耀的。你做得真棒，你一直遵守着自己的诺言，而我却没有任何进展，博士考试还没有进行准备。好啦，现在我要追回失去的时间。"

"呵呵，尽管如此，我想你总会找一些时间来陪陪我吧？我好想跟你一起去看看戏，听听音乐啊。"

"那当然好了，可我还是跟以前一样一贫如洗。"

"没有关系，我这还有一百卢布，全都给你吧。我花钱总是大手大脚，你知道，如果你不拿着的话，我会零零碎碎地把钱全部花光的。"

谢拉菲玛跟他讲述与他家人见面的情景。

刚见到谢拉菲玛，瓦尔瓦拉只是冷冰冰地点了点头，算是打了招呼，便把全部注意力都放在小儿子身上。"谢廖沙，过来啊，到妈妈这儿来。爸爸怎么样？身体还好吗？家里人都健康吧？"说着便把他带到屋里去了。起初一家人见面挺高兴的，这样一来，被瓦尔瓦拉弄得非常扫兴。

"事情就是这样，伊凡，你看，她不喜欢我，将来她也未必能喜欢上我。"谢拉菲玛忧伤地说。

"有我爱你就行了，至于她，随她好啦！谢拉菲玛，我迫不及待地希望咱们马上结婚，这样我们就能永远在一起了，再不会分离了。"

"伊凡，我们两人都没钱，你的父母肯定也不会来参加婚礼的，再说了咱们的婚礼该在哪举行呢？在罗斯托夫我姐姐那儿举行可不可以？"

"在哪儿都行，我无所谓。"外屋传来德米特里低沉的嗓音。

"伊凡的未婚妻在哪儿？叫出来瞧瞧！"

德米特里手拿一束鲜花走进了饭厅，他身材高大，待人热情。当他走近谢拉菲玛时，他像对待自己家的亲人一样，弯下身子在谢拉菲玛额上轻轻吻了一下。德米特里的举动让巴甫洛夫非常感动，眼泪差点就流了出来。还好，家里总算有一个人对谢拉菲玛表示欢迎了。

"你好，德米特里！见到你我是多么高兴！"

"这就好了，你现在就成了伊凡的未婚妻了。他是怎么交到这种好运的啊！"

德米特里坐到了谢拉菲玛的旁边，热情地拉着她的手，热切地望着她。他的身上有一种非常有魅力而动人的女性温柔，他身上散发出来的亲切让谢拉菲玛心里暖暖的。

"我可不这么想，是我交了好运，因为我成了伊凡的未婚妻。"

"那一定是他对你施了什么魔法。"

"噢，伊凡为我们的未来设计了一幅共同生活的美丽图景，仿佛带领我进入了另一个奇异的世界。和他在一起，我感到很幸福，我担心的只有一点，就是我是否有足够的力量在如此崇高的境界和他一起飞翔！"

谢拉菲玛的幸福溢于言表，不由得使德米特里警觉起来。对于自己的哥哥，他非常了解，虽然忠厚老实，却没有半点实际生活能力，眼前的谢拉菲玛同哥哥一样，也严重地缺乏生活经验。德米特里有些怀疑地摇了摇头，面对残酷的生活，单纯的两个人有能力应对吗？等候着他们的命运会是怎样的呢？

"有一些话并不是很轻松，但出于对你们两个负责，我得告诉你，谢拉菲玛。"德米特里说道："伊凡总是需要别人去关心他，而他自己简直没有独立生活的能力，直到现在，我都在照顾他的生活。伊凡脑子里充满了许多新奇的想法，充满睿智，可在现实生活上，一只蟑螂都能牵着他的鼻子走。我记得有一次，他衬衫上的扣子不知怎么给弄掉了，他自己动手去缝，结果把针给弄断了，他自己竟然伤心地哭了。那时他已经是个中学生了，还像一个长不大的孩子。如果你不信，可以亲自去问问伊凡。

"你也是娇生惯养的，可能什么家务都不会干。你们既没有钱，又得租房子，还得想办法买到有营养而又廉价的食品。对了，你要注意伊凡的鞋子，看看上边有没有窟窿，不要在下雨天弄湿了脚。冬天得去找一双棉手套给他取暖，免得他的手被冻坏了。另外，还得想方设法去弄件体面的、哪怕是廉价的上衣，等等。这就是你们的异想世界。"

谢拉菲玛笑了："你这一套和我教父对伊凡的那场考验是多么相似。我的教父也数落了我许许多多的毛病，换做别人，没准儿早就拔腿跑了，可伊凡对他说，他非常非常了解我，他根本就不同意教父所说的话。这让我很感动，现在我也这样回答你，亲爱的德米特里，我了解伊凡，关于他是否有实际生活能力这一点，根本就不能吓倒我，相反，我相信我对伊凡深深的爱能教会我为他安排生活。"

"如此说来，我也不再多说。伊凡，你真是好福气。你们之间真挚的感情让我感动，我向你保证，我随时随地可以为你们效劳。伊凡是我爱的人，我非常尊重他的科学才能。你们将选择什么地方作为你们的结婚地点呢？"

"罗斯托夫，在我姐姐那里进行婚礼仪式。在这儿举行的话，妈妈身体不好，会给她增加麻烦。再说了，我们生活并不宽裕。"

"嗯，这倒是个不错的主意，很可惜，我不能去参加你们的婚礼了……"

在结婚前的一段时间，这对未婚的夫妇沉浸在幸福的时间里。他们只是看戏、听音乐会，吃蛋糕、冰淇淋、水果，乘坐豪华的马车。他们无忧无虑地度过每一天。在一起做这些事时，花的都是谢拉菲玛的钱，对此巴甫洛夫也心安理得。最后在给谢拉菲玛买了一双过冬的靴子之后，这笔钱就花光了，以至于连去结婚的路费都没有了。

"对不起，请你原谅我，我要是事先考虑到这点就好了。"巴甫洛夫伤心地说道。他都没跟谢拉菲玛商量，就自作主张花光了谢拉菲玛的钱。"现在我们这么办吧，向德米特里借去梁赞的车费，到那之后，我让我父亲给你准备路费。"

一听这话，善良的谢拉菲玛就急了，她坚决不同意巴甫洛夫的主意，头摇得像拨浪鼓："不，这绝对不行，我还是去向杜尼娅借。"

就这样，谢拉菲玛从杜尼娅那里借了一些钱，准备上路。临走时，沉醉爱情之中的她竟然把自己的皮靴给落下了一只，结果落下来的这一只便高高地登上了巴甫洛夫的写字台。巴甫洛夫伤心欲绝，他简直不能忍受与爱人分离的分分秒秒，他只有留下关于她的一些东西，以寄托自己的思念之情。不然他真的是无心做任何事情了。

一有空，巴甫洛夫便会拿起这只靴子陷入深思，脸上洋溢着幸福的神情。哥哥的表情惹得德米特里忍俊不禁，甚至都笑出了眼泪。"你真像个喜剧演员，太投入了。给你个建议吧，既然没钱喝香槟，至少你可以用它喝茶。"谢拉菲玛在途中来信说，她的靴子少了一只，要巴甫洛夫找一找。

"这靴子是我留下来做纪念的。"巴甫洛夫回信说，"等到结婚的时候我就会带去的。"

"哈，这想法真是绝妙了，这只靴子可以代替结婚礼物啦！"德米特里哈哈大笑。

# 6. 艰难却幸福的婚姻

终于到了两个人相聚的日子，在谢拉菲玛的姐姐家里，每到傍晚，巴甫洛夫便牵着谢拉菲玛的手到顿河边上的林荫大道去散步。

月明之夜，周围的一切都被月光笼罩上了一层神秘的色彩，两岸盛开的金合欢散发着醉人的芳香，顿河像一条银色的缎带，波光粼粼。情人之间动人、清晰、崇高的情话会让人忘掉世间的琐事和烦恼。他们决定把为人类最崇高的目的献身作为齐心协力奋斗的目标，而关于他们之间的关系，首先是真诚，而且在各个方面都将是真诚的……他们的谈话内容全是有关为人民服务、为全人类服务等等话题。谢拉菲玛对巴甫洛夫的智慧怀着无限的信任，靠着他有力的臂膀，她感觉正在向神话般的王国飞翔。

谢拉菲玛在自己的日记中写道：今天，拉娅姐姐来了，我和巴甫洛夫还在继续谈论着我们的幻想世界。姐姐非常爱我，也爱伊凡。她听了会儿我们的谈话，说："年轻人，如果有人替你们操心，给你们安排好整洁的房间，给你们端上可口的饭菜，或者给你们弄到钱，替你们置办好一切物品，那就好了，现实情况可不是谈话，你们得现实一点，你们得自己为这些琐碎的生活小事花费宝贵的时间。你到底什么时候写完你多次向我说过的小说《俄罗斯女性》呢？"

"这不要紧"，我说，"生活琐事我来承担，小说我可以抽空写。"约定的婚期终于来到……我们在等妈妈的到来，但是她生病了，不能前来参加我的婚礼，虽然她很想来参加。姐姐因为照顾生病的妈妈也不能前来。所以来参加我们婚礼的只有另外两个姐姐和姐夫，还有弟弟。

婚礼进行过程中，伊凡问我："你在祈祷什么？""祈祷你的幸福。""我也祈祷你的幸福。"他说。

巴甫洛夫结婚的那个夜晚，美好而宁静，如水的月光高挂在星空，万里无云，小花园里沁人心脾的玫瑰花香透过小窗钻进屋子来。舞会在花园的凉亭里举行，来的都是巴甫洛夫和谢拉菲玛最亲密的朋友。

大家都玩得十分尽兴，杜尼娅的父亲用一把小刀敲打着玻璃瓶伴奏，给一对新人和他们的朋友留下了一个永生难忘的夜晚。以后每当回忆起它时，他们都感到十分留恋。

"命运之神为你安排的生活并不轻松，但却是无与伦比的幸福。"谢拉菲玛在《回忆录》中《婚后生活》一章开头引用了这样一句诗，对于表达她的感受真是再确切不过了。

婚后，巴甫洛夫和谢拉菲玛来到乡下姐姐家里，在那里作了短期逗留，随即动身到梁赞巴甫洛夫的父母处，在那里他们待了一星期。他们不得不忍受亲人们关于生活问题的极为严厉的指教，并且和家人在一起的时候，饮食起居很不方便。虽然略有不适感，但谢拉菲玛全都默默忍受了。

可是巴甫洛夫对这一切都浑然不觉，对于经济拮据的生活，巴甫洛夫更是一无所知，每当这个时候，谢拉菲玛便会拿出自己那点微薄的积蓄解决问题。一星期之后，他们辞别家人回到了圣彼得堡。

新婚夫妻在小贵族街的一个四层楼租了一套住宅。杜尼娅、谢拉菲玛的弟弟还有她弟弟的朋友跟他两同住，四个房间的公寓，大家各占一间，剩下的还有一个大间大家公用。他们还雇了古斯塔娃来负责饮食起居，她是一个芬兰人，每次做饭都做猪肝，因为猪肝便宜，而当谢拉菲玛告诉她要做什么菜时，她便摇摇手表示，东西太贵了，他们吃不起。

巴甫洛夫在圣乔治协会的女医生讲心理学课，每个月可以领到五十卢布的工资。这点工资根本不够日常开支，巴甫洛夫甚至连件换洗的衬衫都没有，而他又坚决反对谢拉菲玛去当家庭教师。

巴甫洛夫希望永远和谢拉菲玛在一起，他不愿从实验室回来走进那个空旷的屋子。长久以来，他一直幻想着过家庭生活。而谢拉菲玛从十二岁就开始工作，应该好好休息休息了，她可以一心一意照顾巴甫洛夫的起居。没有谢拉菲玛的帮助，巴甫洛夫一样能把一切都安排妥帖的。

从德米特里的住宅里拿了一些东西后，巴甫洛夫又从朋友那儿借了二百卢布，终于勉强凑齐了他们"需要的一切"，那是一堆勉强凑齐的五花八门的东西，全是从旧货摊上弄来的家具。

但是，无论是谁来到这个家里，看到的都是一对洋溢着幸福的面孔，令人奇怪的是，在这样的环境里，他却感到一种高尚爱情的气氛。是的，巴甫洛夫和他的妻子物质上有点拮据，不够富裕，但他们的爱情却是绰绰有余的。也许因为正当青春年华，经济上的贫困丝毫不影响他们生活的愉快。

圣诞节，所有的朋友，都喜欢来他家作客。巴甫洛夫的家里从早到晚一片欢腾。巴甫洛夫极尽搞笑之能事，让男的充当马，让女的做骑手，这些人在屋子里你追我赶，洋相百出，惹得大家哈哈大笑，整个房间都充满了欢乐的气氛。

# 7. 婴儿的哭声

幸福的二人世界日子没过多久，谢拉菲玛告诉丈夫说她有孩子了。在这之前谢拉菲玛曾小产一次，巴甫洛夫听说后对她倍加关怀，细心照料，不让年轻的妻子爬楼梯，每次都亲自把她抱上楼梯。

又过了不久，一阵婴儿的啼哭声在这个小小的家庭里响起，谢拉菲玛为巴甫洛夫生下了他的第一个儿子，他们给这个初生的小家伙取名叫米尔奇克。为了生活方便起见，一家三口搬进了德米特里的那幢公家寓所。

晚上，巴甫洛夫总是在工作之余，坐在妻子身边。他抚摸着儿子小小的脚丫，爱怜地抚摸不够。"多么可爱的小脚趾，真像一颗颗玫瑰色的小豆子。生命真是神奇啊，你瞧，他的眼神又是多么专注呀！"此时，夫妇两个便会幸福、心满意足地一起笑了。

这一天，仍旧是一个阴雨连绵的夜晚，和往常一样，两人端坐在床边，谢拉菲玛和巴甫洛夫谈着一个准备已久的话题，她想既坚持自己的意见又尽量不让丈夫难堪。这个话题是关于生活安排的，气氛有点尴尬而严肃。

"亲爱的，有一句话虽然很可笑，但我必须得说出来。我酷爱有条不紊，这你知道对吗？"谢拉菲玛不紧不慢地开口说道。

"可笑不可笑，这要看把它用在哪儿了。"巴甫洛夫说。说话间，他把趴在腿上熟睡的小狗梅尔卡抱到别处。看到它，巴甫洛夫就会不由自主地想起实验，这让他很反感，此刻的他只想享受一家三口的天伦之乐。

"我想跟你谈谈，关于我们以后的生活安排。米尔奇克来到了我们的家庭，我们肩上的责任重了。记得你以前给我写信说，永远不会去喝酒。当时我没注意，现在我明白了，亲爱的，难道以前你在什么时候曾经饮过酒吗？"

"没那回事儿，"巴甫洛夫开心地笑了起来，"其实只有一次，为了检验一下酒对人体的作用，我便买了半瓶罗姆酒，坐在镜子面前。我还在旁边放了本和笔，想把这一过程记录下来，我一边喝一边看着镜子里自己的表情，专心致志地体验着酒醉的感觉。本想把饮酒后的全部过程记录下来，可结果只记录了一句话，眼皮就开始打架了。至于后边发生了什么事，我就一无所知，什么都没有记下来了。"

"也不知道过了多长时间，我慢慢清醒过来，发现自己在地板上躺着呢，头疼得非常厉害，像要炸开似的，嘴里的味道也非常讨厌，我可不喜欢那个气味。说实话，我真讨厌喝酒，喝酒太痛苦了，简直就是一种折磨，那种痛苦的滋味，让我一辈子都忘不了，那天我也没能去上学。我亲爱的谢拉菲玛，你放一百个心吧，我郑重发誓，我永远会保持滴酒不沾的。不需要作出什么努力就能做到。"

"这好极了，还有一次，你在信中说，你因为玩牌而浪费了时间，这坏毛病你一定要改正。"

巴甫洛夫笑着答应了妻子，笑容溢在脸上，"放心好了，这和不喝酒一样容易做到。你怎么什么都记得那么清楚呀？"

"还有，咱们的朋友总是不打招呼就来，为了应酬朋友我们花去了很多时间。从今往后我们只在星期六晚上招待他们，而我们自己访友、上剧院、去听音乐会都放在星期天。其他的时间就用来做科学研究工作和处理家务事。"

"行，你制定的纲领，我举双手表示同意。而且我将坚定地、始终如一地执行。"

"这就太好了，那我们就这么说定了。"谢拉菲玛脸上也溢出了笑容。这时梅尔卡吠叫起来，门砰的一声响，一阵愉快的说笑声传进屋子里。

进来的是德米特里和朋友斯托列尼科夫、瓦格纳。这几个人吵吵嚷嚷，醉醺醺地一起从外面涌进了客厅。谢拉菲玛和丈夫交换了一下眼色，好像在说："看见了吗，我说的一点不错吧？"

"瞧，多么神圣的一个家庭，三位一体！让我抱抱这个家当中最了不起的男子汉米尔奇克吧。请过来，我的宝贝侄子，让我抱抱你。"说着，德米特里就把手向孩子伸过去。

"不行，万一你摔着了他怎么办？"巴甫洛夫把他的手推开了。

"这是哪里话！在谢拉菲玛产后虚弱时，每天夜里都是我抱着小侄子，我都十分小心地呵护他，现在为什么就不行了呢？"

"因为，你现在喝醉了！"巴甫洛夫不由得嘟哝了一句，脸上露出厌恶的表情。

"既然这么喜欢孩子，你为什么不结婚呢？德米特里，你也应该结婚啊。"谢拉菲玛在一边温和地解围道。

"我当然非常喜欢孩子，可是我又担心，因为我的性格太柔顺了，如果结婚，肯定会受到老婆的管束。你看看伊凡，他的性格是多么的坚强，不也受管束了吗？"

"胡说八道！"巴甫洛夫这次又被激怒了。

"我怎么会胡说呢？不如我验证给你看看。梅尔卡！"德米特里叫了起来，"乖，去把谢拉菲玛打丈夫的鞋子取过来！"梅尔卡跳了起来，不一会儿，嘴里叼着一只鞋跑出来，这下把大家逗得捧腹大笑。

"这真是太过分了！"巴甫洛夫气呼呼地站了起来，"永远也别指望我能原谅你。"他冲动地走进另一个房间，离开时忍不住愤怒地瞪了弟弟一眼。

"就为这点小事生气了。"德米特里笑了起来，"这还算是个爱听真话的人吗？但愿他能很快就冷静下来，来，我们喝一杯。谢拉菲玛，还有酒吗？"

谢拉菲玛摇了摇头，"不，我和伊凡说好了，平常的日子里我们不请客，今天才是星期三呢。"

"是的，是的，没有酒！我完全同意谢拉菲玛刚才说的。"

"我早就说过，伊凡怕老婆。"德米特里笑着说。

"岂有此理，你说什么？"巴甫洛夫气得七窍生烟，他忍不住又从房间里跑了出来。

"你看看他，性子还是这么火爆。"德米特里耸耸肩，望着那几位开心的朋友。

"是啊，他性子是火爆，那你干吗非得惹他生气？"谢拉菲玛带着点责备地说，"别这样了，我请你们喝茶吧。"

"唉，要是喝茶能像喝酒一样喝醉就好了。"瓦格纳低低嘟哝了一句，"那让我吻吻你的手就走，独一无二的谢拉菲玛。"

"我也告辞了，"斯托列尼科夫接着说，"但是我应该向你们声明：既然你们决定了，这是好事，我替你们高兴，希望你们坚持下去。说心里话，我非常羡慕你们家的和谐，祝你们一切都美满。"

"好吧，既然这儿只给茶喝，那我们就此别过，不打扰了。"德米特里说着又冲着巴甫洛夫躲着生气的隔壁房间喊了一句："再见，神圣的父亲，圣父约翰！"然后又哈哈笑了起来。

巴甫洛夫愤怒地把一只拳头从门缝里伸出来，直到最后一名客人离开，他也没从屋里出来。客人前脚走，他后脚就跑出来，挨着谢拉菲玛坐下，瞥一眼试探地躺在他脚旁的小狗梅尔卡，巴甫洛夫厌烦地将它踢到了别处，梅尔卡只好无精打采地走到女主人的脚边。

"现在只有你和我了，多自在，一直都能这样就好了。"巴甫洛夫说道，还气呼呼地哼了一声："怎么能说得出口，怕老婆！我们不过是互相尊重而已，可他说我怕老婆！"

"真是愚蠢的玩笑，我永远都不原谅他。"

"别生气了，过段时间你就会原谅他的，有什么好生气的呢。

我又想到了一件事，春天转眼就到，夏天也不远了，打算一下，咱们该去什么地方度假。我们没钱，有什么法子可以弄到钱，去哪儿租别墅呢？你有法子吗？"

"又是这个令人头疼的老问题了。我憎恨钱！"

"也许正因为你憎恨钱，我们才没钱。亲爱的，我决定到乡下姐姐家去过夏天，虽然我不愿意离开你，但可以给你留出时间来写论文，没有人打扰，方便你专心写论文。"

"你一直都是那么明智，我真是把博士论文耽误了。"

"你们实验室的同事在你的帮助下都已经成博士了，就你还在拖拖拉拉。"

"对，我光忙着其他事了，才耽误了写博士论文。你的想法真对，应该尽快写完，应该！你去姐姐那儿吧，就这么做吧，一言为定！"

"这需要钱的。"

"去梁赞的钱向德米特里借，到那儿后父亲会帮忙的。"

"上一次，你也是这样说，我不是没有接受嘛。"

"当时是你做得对，但是现在不一样了，你带着米尔奇克去，父亲心里一定会乐开花的。我向你保证，看到自己的长孙，他一定会非常高兴的。其实，我父亲心地很善良，只不过因为家境拮据，所以他才变得现在这样严厉了。"

一提到家里人，巴甫洛夫心情就变得忧虑，他停止了谈话，沉默了起来，好长时间才继续问："德米特里他在哪儿？他在折磨自己。他那么聪明，连门捷列夫都赏识他。可是你瞧，他却不务正业，玩笑专家，把一切都变成泡影……"

天快亮的时候，德米特里回来了，他悄悄地走进自己的房间，躺在床上便睡了。但住宅里一有响动，他就赶紧爬起来，迅速戴上墨镜，为的是不让人看出他纵酒后通红的眼睛。然后，德米特里抓起一盒高级糖果，来到客厅。

"亲爱的嫂子，别生我的气了，这盒糖送给你。"他带有歉意地说，"昨天十分抱歉……"

"看你这是说的哪里话呢，别这样，德米特里，不需要。你别老喝酒了，你要懂得爱惜自己，伊凡昨天为你结伴饮酒伤心的不得了，你没事就好了。"

就在这个时候，巴甫洛夫喊嚷着走了过来："你别想用糖来买通我妻子的庇护！"他边说边从谢拉菲玛手里把糖盒子抢了过来，然后使劲扔在了地上，并用脚在上边狠狠踩了几下，他气呼呼地说："德米特里，你真是太可恨了!你的行为无聊！可耻！"

"可能是这样吧。"德米特里没有生气，他出乎意外平静地说完，然后转身回房去了。望着他寂然离去的身影，巴甫洛夫怒气一下子就烟消云散了，心里内疚起来。

"看来，也不全是他的错，也许是我错怪他了。"巴甫洛夫说着推门走进兄弟的房间。德米特里呆呆地望着窗外，一声不吭。

"请你原谅我吧！是我错了。求求你，别折磨自己，振作一些……"

春天很快就到了，圣彼得堡的春天变得潮湿而寒冷。谢拉菲玛出生在南方，阴冷的天气不由得让她想念起了家乡的温暖，可是又极不愿离开丈夫。谢拉菲玛打算在斯拉维扬卡或托斯诺租间房子，周末的时候，巴甫洛夫可以过来。可是手头并不富裕，这都变成了奢望……

一想到要离开巴甫洛夫，谢拉菲玛的心情就十分难过，眼泪忍不住掉了下来。巴甫洛夫心里也并不好受，无法安慰妻子，他也想偷偷大哭一场。

该死的贫穷使他在工作或家庭生活方面都困难重重。幸好警察把捕捉到的流浪狗都送到他的实验室来了，不然研究工作也会因为没钱买实验狗而被搁置。直到目前，上级下拨的研究经费，他还一分都没见到。真该谢天谢地，总算实验室的薪金还是付了……可是这样的生活啊，何时才是个头?

和巴甫洛夫料想的一样，米尔奇克很招祖父母喜欢。看着甜甜入睡的小婴儿，瓦尔瓦拉感动得流出了眼泪。

父亲彼得还是像以往一样一脸严肃的表情，"他真像伊凡。"父亲说了一句。"但是为什么取米尔奇克这个名字？"他看着孩子说道，面无表情。

"米尔奇克……米尔奇克。这样叫起来多亲切啊。"谢拉菲玛温柔地微笑着。

"可我们想要叫他沃洛佳。"瓦尔瓦拉一把抱过孩子说道。

"哼，米尔奇克！"彼得看起来是生气了。但是就在这天晚上，他还是让谢拉菲玛坐在他身旁，然后拿出了铁路指南，开始计算路上所需的花销。

"帮助你们，"他抱怨道，"可拿什么来帮助？我们只有那么可怜的收入，今年果园收成不好，他到底知不知道？还好树苗保住了。到目前为止，我们就靠出租房屋来赚点收入。我们年纪这么大了，到什么时候才会有人来帮助我。都不住在一起，居然还要寻求我的帮助……你们自作主张结的婚，为什么伊凡对你这么不关心？他应该操心这个家。"

"他工作很多。"

"既然工作多，那钱也该挣得多啊，不该来求别人帮助呀。"

"他还没有通过论文答辩，要是论文答辩通过了，我们就会轻松点。他在实验室薪水很少，他还得兼职在女医师班授课。"

"他不该走科学这条路，他要是在教会中学毕了业就去工作，到现在肯定早就挣不少钱了，哪会像现在这样受穷。他在生活和婚姻问题上老是犯糊涂，当初他要是和那个姑娘结婚，生活该多么幸福。我不是在责备你，谢拉菲玛，你为他也受了不少苦。"

"怎么能这么说，伊凡很爱我，我很感激他。"

"爱你……好了！咱们算算路上需要多少钱吧。"彼得翻开铁路指南。

"你坐三等车……"

"带孩子坐三等车有困难，人多，拥挤。"

"你还年轻，吃点苦是应该的。"彼得认真地数出算好的钱。瓦尔瓦拉给她准备了一小包路上吃的面包、煮鸡蛋和一撮盐。

"车上会有送开水的，你不用到车站去打水，这样在路上你就可以不花钱了。"

给谢拉菲玛准备的鸡蛋和面包并不多，以至于当姐夫在奥尔洛夫州小车站接到她时，竟然差点就认不出谢拉菲玛。谢拉菲玛乘坐姐夫的马车，在一望无际的大草原上行驶，间或经过一二道断开的浅谷。迎面吹来暖和而干燥的风拂在脸上，阵阵尘土在车轮碾过的小道上扬起。这里已经显露出夏天的景象了，而在圣彼得堡还是积雪融化的时候。

"我曾经和你说过，伊凡的父母亲是反对你的，你根本不应该嫁给他。"

"还是老生常谈了，关于这个问题，你不用说了，姐夫。现在生米已煮成熟饭，再说了，我们彼此相爱。"

姐夫用鞭梢使劲抽打了一下马背："这当然很好，我无话可说。看到你过得这么困难，我非常心痛。据我所知，伊凡在安排家庭生活方面是一个很不称职的人。"

"真是这样。"谢拉菲玛非常痛苦地说，"不过他人很好，对我也很好，还有他受到一些大科学家的尊重，他们也认为他很有前途。"

"上帝保佑……看看你，过去的你就像灿烂的樱桃花，又快活，又幸福，而现在……"

"这是因为一路上总得抱着米尔奇克，怕摔了他，旅途上我才没敢睡。"

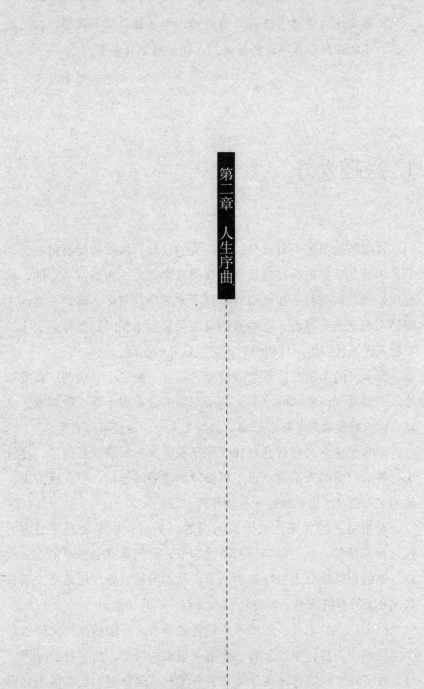

第二章　人生序曲

　　我毕生都热爱脑力劳动和体力劳动，也许甚至说，我
更热爱体力劳动。当在体力劳动内加入任何优异的悟性，
即手脑相结合在一起的时候，我就更感觉满意了。

——巴甫洛夫

# 1. 兴趣爱好

　　首都圣彼得堡简直就是一个石头的世界，多数房屋是用石头砌的，四处几乎都是石砌建筑物，规模非常庞大。桥是石头修的，河堤也是用石头砌的。在这里看不到灌木丛生的海岸，脚踏在地面上却沾不上一点儿泥巴，这些真的是与梁赞大不相同。巴甫洛夫十二岁就来到圣彼得堡，可他仍然不习惯这儿的生活。

　　奥卡河的两岸是金黄色的沙滩，还有一眼望不到头的广袤的草地。一到夏天，割草的季节，牧场花草的芳香和干草气味弥漫了全城。大批散发着芳草味的干草，被堆上大车，送到草市去卖。

　　影响巴甫洛夫终身的兴趣爱好早在青少年时期就形成了。尽管小时候的巴甫洛夫不会，也不可能做出重要的选择，但在这方面，他的父母自觉不自觉地起了推动作用。

　　巴甫洛夫的父亲在奥卡河河湾牧场拥有一块草地，这是因为他是一位神职人员。每当到割草的季节，他们家就会全员出动去收割，他的母亲就会去牧场负责晒草。从那时候开始，巴甫洛夫就喜欢嗅夏天青草的味道，浑身仿佛散发着芳草的气息。

　　巴甫洛夫的家是一间用木头建造的平房，平坦的屋顶上带着一个明亮的小阁楼，平房上有三个宽敞透亮的窗户。为了补贴家用，母亲收了几个从农村来这里读书的青年在家里住宿。巴甫洛夫兄弟

还有几个寄宿的学生都住在阁楼里。

尼科里斯卡娅大街树木繁茂，街道两边都是高大的榆树和婀娜的柳树。他们家的房子就坐落在整齐的木板围墙里面，门是木板做的，非常高大，门上开着个窗户。紧邻房屋的便是苹果园，巴甫洛夫的父亲喜欢收拾果园，并且教育几个儿子从小就习惯干活。他通过这种方式来使晚辈接受自己的喜好。巴甫洛夫终生都眷恋土地，自己动手挖菜畦，种些蔬菜，养花植树。

每到收获苹果的季节，果园里便很繁忙，收下来的苹果有的晒干，有的拿出去卖，为这个家换来一笔额外收入。巴甫洛夫家人很多，吃饭的嘴也多，除了姐姐、巴甫洛夫以及两个弟弟外，还有一大帮亲戚。在圣彼得堡这个陌生的城市里，他常常怀念家人和他所熟悉的梁赞景色。

那时候，梁赞一共有三十六座教堂。尼科洛维索科夫斯卡娅教堂的教区，便由巴甫洛夫的父亲所管辖，这个教堂上的钟楼细长，因此，人们把它戏称为尼科拉长脖教堂。

巴甫洛夫兄弟们常常去瓦西里的门卫室去听鸟叫。那里的鸟成群结队，多得数也数不清，有时候他们还爬到钟楼上去轰在那里休息的鸽子。

可是有一次，惹下了大祸。一天夜里，他们从钟楼上往下放了一条假蛇，这蛇是用纸做的，他们还把蛇的眼睛涂成了红色，远远看去好像喷着火焰。来教堂的人非常惶恐，通知了警察，巴甫洛夫的父亲只好出面解决这个事情。警士巴弗努季奇负责此事，他酷爱喝苹果露酒，父亲彼得把他约到办公室，并把自己舍不得喝的苹果露酒送给了他，最后总算平息了这一事件。

警士走了之后，父亲暴跳如雷，他那洪亮的男中音一直在房子里回响。父亲彼得非常严厉，也容易生气，但不失公正，他非常好动脑筋。经过好长一段时间，他逐渐冷静下来，心平气和地反复思考这件事，决定在花园里给孩子们修个秋千，安上铁环，还要装上做体操用的设备，好让孩子们把全部"多余的"精力都有个正常的用场，而不是去淘气。

也就是从那时起，巴甫洛夫开始和体操结下了不解之缘。他力量超人，又能吃苦耐劳。直到七十五岁时，他才第一次感觉到疲惫。在此之前，他体格魁梧，而且臂力非常大，不知疲劳为何物。

父亲除了教会他们勤劳，还从小就培养他们的个性爱好。彼得非常喜欢读书，并有意识地对孩子们进行引导，使读书成为他们的爱好之一。

父亲有时会把孩子们领到邻居家里去，那里有一个驼背的巴夫拉·弗拉索夫娜，她识得一些字，所以让她教孩子们认字。但她能教的也非常有限，就是些庄稼的名称，除此之外，孩子们没有学到其他的东西，更别说语法了。

善于思考的父亲直接让孩子们学习小书本，克雷洛夫的寓言也包含其中。这些寓言就成了巴甫洛夫的认字读本和他最早读过的书。在后来的多少年中，在他办公室的写字台上总是放着这本他心爱的书。即使在打扫卫生的时候，他也不允许别人动这本书。如果有谁挪动了这本书，他就会大发雷霆：这本书在这里摆了40年，谁也不许动它！可见他对这本书有多么的喜爱。

在父亲宽敞明亮的图书馆里，在为数众多的《省公报》《莫斯科公报》《梁赞女子学校公报》和当时最流行的杂志《涅瓦》的合订本当中，巴甫洛夫发现了一本有趣的书，上面印着彩色插图，这本书给巴甫洛夫插上了想象的翅膀，一直都在激发他的想象力，此书名叫《日常生活中的生理学》。

在作者的神奇笔下，比如胃功能这样普通的事也变得趣味盎然。在这本充满想象的书中，详细地讲述了食物在胃里和肠道里可能遇到的各种奇遇，其结果是面包、肉、奶变成了我们身体的建筑材料和力量的源泉。

和父亲一样，巴甫洛夫把这本书仔仔细细通读了两遍，他把

《日常生活中的生理学》这本书记得是滚瓜烂熟，后来在很多年以后，他仍然凭着记忆整页整页地引用到这本书的内容。可见这本书在他的童年对他的影响有多么深远。如果不是童年时和这种描绘精辟而出奇的科学不期而遇，也许他不会成为生理学家。不管怎样，他的早期著作就是关于心脏和消化器官功能的。

# 2. 宗教中学生

当时的宗教中学里填鸭式地灌输的全是宗教史和圣经，但是其实当时的宗教中学已经很开放了。不仅有逻辑学、心理学、教育学甚至哲学，同时也逐渐开始重视历史、俄国文艺作品以及文学。

未来的神职人员非常重视物理和数学，他们不仅要学拉丁语和希腊语，而且要学法语和德语。学校设有自然史的课程，也可以自由命题写作文，以培养学生们的推理能力，以及自由表达思想的能力。未来的传教士怎么可以连这些都不会呢？除此之外，学校里还经常组织他们进行辩论，以便使这些虔诚的教会人员也能彻底掌握这门艺术。因为虔诚的教民们一定有无数个问题要问，他们应该做到有问必答。

已经开始上中学的巴甫洛夫能言善辩，他一直都具有这个才能。他不仅善辩，而且还十分不愿意让辩论对手宣布休战，主动认输，或者是随便应战。他一定要逐条列出，驳倒对方。他的辩论对手有他的弟弟、同学，甚至是他的父亲。他们激烈地辩论各种事情，甚至经常辩论一些宗教教条之外的事情。

一次偶然的机会，他读了一个姓皮萨列夫的人写的文章。文中写道："万能的自然科学在自己手中掌握着认识整个世界的钥匙。"

是自然科学，而不是宗教中学灌输的抽象哲学。在那个年代，这一声明是个真正的启示。于是学生们开始四处打听：皮萨列夫到底是谁？后来听说，这个人的作品因为思想自由，影响了教会基础的稳定，所以被关进了彼得保罗要塞。他们才不再追根究底了。

宗教中学的学生们常常光顾公立图书馆。图书馆还没开门，他们就早早来到了图书馆门前。和他们一样，古典中学学生也喜欢这个地方，双方常常舌战一番。馆门刚一开，学生们就一起向大厅内涌去，他们都想将最新一期的《俄罗斯言论报》一睹为快，因为这个杂志上分期连载了皮萨列夫的文章，巴甫洛夫常常是第一个得到这本杂志的人。

从《动植物世界的进步》中，他知道了达尔文的学说，知道人类起源与神丝毫不相关。皮萨列夫开导说，科学应当成为"每个健康人的必不可缺的食粮"。

《现代人》杂志刊出一作者名叫尼·加·车尔尼雪夫斯基的长篇小说《怎么办？》。皮萨列夫的文章谈的是尼·加·车尔尼雪夫斯基笔下描述的一批新人，因此这篇文章的名字就叫作《新人》。经查明，尼·加·车尔尼雪夫斯基本人也蹲在彼得保罗要塞监狱里。

所讲的一切太离奇了，简直让人无法理解。教会学校一直在讲神，还有灵魂，劝说人们听命、谦逊，但世间发生的事却与之大相径庭。思想超前的人们认为那是迷信，并号召人们不要盲从，应去研究人生问题的实质，号召人们与因循守旧、漠不关心和墨守成规的习气作斗争。而自然科学就是引领人们前行的明灯，它让我们去发现自然本身以及人类的规律，重新认识人类在自然界以及社会中的地位。

著名科学家伊·米·谢切诺夫的文章《大脑的反射》在《医学通报》上刊登了。文中写道："读者朋友们，你们当然应该参加关于灵魂的本质及其与肉体的依附关系的争论。朋友们，请大家和我们一起进入到这个由大脑活动所产生的各种奇妙现象的世界里来吧！"

虽然这些文章见地独到、新颖，引人入胜，但是很多出版社不愿意出版，因为出版这类文章要受到起诉，作者要进法院。引起这些的根本原因是，教会认为这种文章动摇民心，败坏社会道德，目的是想要消灭、推翻宗教学说。

在宗教中学读书的学生巴甫洛夫被这些事情给弄糊涂了。但毫无疑问的是，他对"反射学说"入迷了。他当然也不会想到，伊·米·谢切诺夫提出的这个名词会成为他本人关于大脑功能的未来学说的基础，日后，他的学说会推翻科学家们以前的概念呢！

经过了很多事情之后，在纪念自己的伟大导师诞辰一百周年大会上讲话时，巴甫洛夫称伊·米·谢切诺夫为"俄罗斯生理学之父"。

直到今天，这种称号已成为了经典的公式。而后人则把19世纪叫做伊·米·谢切诺夫世纪，把20世纪叫做伊·彼·巴甫洛夫世纪。

每逢圣诞节，宗教中学学生们便和往常一样，带着大口袋，在有钱人的窗下唱赞美诗，指望获得丰盛的赏赐。巴甫洛夫也曾想写诗，他一会儿模仿伯兰热，一会儿又改变主意，去模仿涅克拉索夫，总幻想把这些诗呈给原来的梁赞省副总督、著名作家萨尔蒂科夫·谢德林。

公开辩论的题目是"灵魂中是否也存在人类的规律"，在辩论中他竟然讲了许多关于反射的言论，这明显带有渎神的意味。但是他认为，反射似乎可以取代灵魂，而这一切都好像预先安排好一样，因为此时大主教本人在场。

起初，事情进行得还算平稳。但是，他前面发言的人还没有来得及说完下面的结束语："因此，上述这一切证明，从本质上讲，灵魂是与身体无关的，跟人世的肉体规律也无关联。对灵魂来说，除去神规定的规律，不存在任何其他的规律。"巴甫洛夫就按捺不住了。

他不失礼节地向主教阁下深深鞠了一躬，说："请允许我只提一个问题，什么叫反射？我看得出，我的对手脸变白了，没有血色了。为什么呢？我认为是由于害怕。他害怕在辩论中吃败仗，所以，当他听到这个陌生名词时，他感到非常惊慌，也没有办法对其进行解释。所以说，他的脸变白不是因为灵魂，而在于外界的刺激。根据实验记载判断，情况总是这样的。我还想谈谈反射这个概念。反射是什么？反射是我们所看到、听到、接触到的东西的直接反映。而所有精神上的东西都可以说是尘世的东西……"

"将要成为神职人员的学生竟敢讲这些可怕的东西！这怎样才能被容忍呢？真是无法相信以后在毕业的时候还准备授予他教职呢。快去通知他的父亲，让他赶紧把这个罪恶深重的坏小子带离学校吧。"

父亲彼得被学校传唤，他对于事情的发展状况有点不敢相信。然而，更使他吃惊的是，和儿子推心置腹深谈了一番之后，他才知道，儿子早就决定离开宗教中学，专门去学习自然科学。

此时的巴甫洛夫的学习兴趣已然转向了自然科学，他已经决定进大学攻读自然科学。这样的兴趣是受到了19世纪60年代文学的影响，特别是受到了皮萨列夫的影响。

# 3. 初入大学

1870年的冬天，德米特里·伊凡诺维奇·门捷列夫讲授化学，他是一个有着金色长卷发的年轻人。也就是在这段时间，门捷列夫总结出了一个表，他把自己观察和研究的结果都总结在了一起，这就是元素周期表，这使他在全世界享有盛名。

由此才知道，世界上的一切物质都是通过极其严密的、完全稳定的从属关系联系在一起的。学生们亲眼看到，现在已载入教科书的著名的门捷列夫元素周期表当时是怎样诞生的，他们成了本世纪最重大科学发现的见证人的一部分。

亚历山大·米哈伊洛维奇·布特列洛夫的题目更深一些，他的讲座是关于有机化学的。他奉献给学生们的也是最新的科学结论：在这以前不久成功地完成了区分生物与非生物的神秘的"生命力"的研究。

也就是在那个时候，在实验室里第一次成功地用普通的无机物合成了有机物质，并以此证明，在有机物和无机物之间没有不可逾越的界限。这在科学上也是一场划时代的真正革命。

伊凡·米哈依洛维奇·谢切诺夫因为"反射"学说被医学外科学院革职了，但是在大学的实验楼里，仍旧可以遇到他。伊凡·米哈依洛维奇·谢切诺夫一头黑发，脸上长满了麻子，他很文雅，可是非常容易激动，他疯狂地热爱科学，经常一边做实验一边哼唱歌曲，经德米特里·伊凡诺维奇·门捷列夫特许，他可以进行实验。由于害怕引起动乱，沙皇政府非常反对这个研究，他们把谢切诺夫驱逐到敖德萨。

谁也没想到，他从敖德萨回到圣彼得堡后要做的第一件事就是拜访现在的学生巴甫洛夫的实验室。他慢条斯理的话语使这位没见过面的学生和崇拜者感恩戴德，没齿不忘："原来我认为卡尔·路德维希是最好的生理实验家，现在我发现，您应该名列第一。"

大学生巴甫洛夫潜心治学。他和梁赞的一个朋友一起，住在离大学不远的瓦西列夫斯基岛上拉里男爵夫人家中。他后来回忆道："里捷内桥还是木头造的浮桥，当时的交通工具便是马车，我总是花五戈比坐在马车的车顶。这个座位既经济又舒服。"

巴甫洛夫以后当了院士，还总是喜欢和偶遇的同路人聊上几句。

　　那时候，这五戈比硬币他也舍不得花，对于梁赞人来说，圣彼得堡的市内距离显得很远，因为没钱，他们只能步行。巴甫洛夫养成了一个习惯，就是一边走一边用步子丈量街道，无论是在京城，还是在乡间。

　　钱很紧，公费不够用。起初巴甫洛夫上的是法律系，后来才转到自然科学系。因为去晚了，他错过了奖学金，别无他法，他只能全靠自己，只好给私人上课，靠翻译挣点钱，然后到公费食堂去吃面包，最多就是加点芥菜。之所以去那里，因为那里的面包是免费的，而且还管饱。

　　第一年，巴甫洛夫只身一人，日子过得特别苦，他从房顶摔了下来，加上本身就体弱多病，生活起居全由弟弟照料。他完全不知道怎样照顾自己。

　　很快弟弟德米特里从梁赞赶来照顾哥哥，他性格开朗，平易近人，喜欢说笑，安顿下来之后，很快就广交朋友，同时还把自己的大学日常生活安排好了。哥俩换了房子，虽然离大学稍远一些，但是房费便宜。他们居住的街道偏僻，和梁赞的街道相似，非常清静，甚至有些荒芜，他们租住的房子是木质结构的，有些像梁赞的家。实际情况并没有多大的变化，巴甫洛夫和弟弟很快就融入到了新的环境里了，这一点十分难得。远离故土，突然闯入一个陌生的城市，在人地生疏的情况下生活是多么不容易的事，这是对人的一种考验。

　　性格坚强的巴甫洛夫兄弟通过了生活的考验。巴甫洛夫本人把自己列入很容易急躁的一类，为了适应这个全新的环境，巴甫洛夫拼命地赚钱，以养活自己，还得保证自己的功课不落下，就这样每日辛苦奔波，使他筋疲力尽，神经都有了问题。由于医生的坚持，他只好回到家乡去休养一阵子。经过一个夏天的调整，他完全恢复了健康，于是在秋天参加了第一学年的考试，他非常顺利地通过了所有考试，在弟弟德米特里的陪伴下，巴甫洛夫不再觉得孤单了，慢慢开始熟悉这个城市。

兄弟二人性格迥异，巴甫洛夫简直就是父亲的翻版，他热爱劳动，意志坚强，办事还非常认真。弟弟德米特里长得和他很相像，身材魁梧，健壮有力，蓄着浓密的胡子，一双淡蓝色的眼睛，非常清澈。他喜欢拳击类的游戏，而且很机灵，脑子里充满了好玩的点子，但是他的性格却和巴甫洛夫迥然不同，急躁，喜欢和人比试，跟他们的叔叔像极了。他总是管不住自己，有时候有些撒野。

德米特里几乎遗传了叔叔的所有莽撞劲头，爱玩的他尤其擅长斗智游戏，这常常令他大出风头，虽然有时候这并不是什么好事，可是他就钟爱这个。

对于巴甫洛夫来说，不能说他冷酷无情，但对那种没完没了的玩笑非常厌烦，为了维持在圣彼得堡的生活，他不得不给人做家教。他的讲课才能非常高，由于要接触形形色色的人，他也慢慢活泼了起来。爱玩乐的德米特里非常具有号召力，这样，就会有一大群行色各异的人定期到巴甫洛夫兄弟这里聚一聚。时间长了巴甫洛夫也不再回避,他也开始倾听他们的谈话，而且自己也努力试着学习怎样和任何一个对话者就自己感兴趣的话题进行通俗易懂的谈话。宗教中学培养了他们兄弟能言善辩的才能，这让他们在人群中非常显眼。

大学时光给巴甫洛夫留下了深刻的印象，那段时间激情昂扬，针对任何事情他们都能争辩不完。巴甫洛夫是这样回忆那段岁月的："那个时候，无论是什么事情都会争论个没完！哪管是什么芝麻绿豆的事都会争个你长我短。我们当时真的是无法理解，如果对世界和人生没有一致的看法，人怎么能够活下去。"

# 4. 实验开端

刚升入大学二年级，巴甫洛夫就迫不及待地开始听盼望已久的生理学课程。这个课程的讲师是菲利普·瓦西里耶维奇·奥夫相尼科夫，知名的学者、院士。

还有另外一个讲师是伊里亚·法捷耶维奇·齐昂，他曾就学于基辅大学和柏林大学，在这之前一直在国外工作，荣获过法国科学院的金质奖章，他用实物向学生们演示：他做动物实验非常巧妙，而且技艺超群。他是血液循环方面公认的专家。

第一次实验课就让巴甫洛夫终生难忘，讲师以娴熟而优雅的动作在学生们面前"打开了"实验用的兔子的躯体，从中可以清晰地看到正在搏动的心脏，活生生的器官，就像是从以前的图片书上复活了一样。

心泵一张一缩，非常有节奏，把含有氧气的血液压进了血管。这就是刘易斯在他的书中所提到的"生命之河"。沿着血管延伸开来的是白色神经纤维，它们每一条都十分纤细，最后汇集在一起成了神经干，然后通往"最高指挥官"——脑，大脑在通过神经下达指挥命令。

看着眼前跳动的心脏，听着齐昂教授的讲解，巴甫洛夫有些着迷了。他后来这样回忆道："他可以将最复杂的生理学问题讲得非常浅显，这种深入浅出的课程简直让人着迷。他循循善诱，引领我们在生理学的道路上前行。在齐昂教授的指导下，我第一次做了生理实验。"

第一次生理实验当然也是有关心脏、神经和控制心脏心律的。

这可以说是巴甫洛夫首次有机会亲身寻找很难分辨的神经纤维，而且还要把神经和组织们各自分开，再看看这些神经都通向了哪里。最让人激动的是，这一切都是在一只活生生的实验用狗身上进行，它的心脏还在不停跳动，肺还在呼吸，正如人们常说的那样，这是在活动实验场上进行的。

通过实验中的学习，巴甫洛夫明白了：要想成为生理学家，首先要成为卓越的外科医生。他的导师是为真正的外科高手，他之所以掌握了那么精湛的外科技术是有一定道理的。他做的手术不仅干净利落，而且手法超群。这位教授完全可以穿着燕尾服和学生们一起上晚自习，在进行完狗或兔子的实验后，他的手套滴血不沾，照样雪白。他的衣服也是干净如初，实验结束后，他不用回家换衣服，就可以直接去参加各种交际活动。

巴甫洛夫跟着老师的足迹步步紧随，功夫不负有心人，经过一段时间的努力，他也成了一位一流的外科医生。他是个左撇子，手术过程中，他时常左右开弓，动作非常利索。巴甫洛夫对助手笨手笨脚看不顺眼时，会二话不说拿起解剖刀亲自上手术台，三下五除二，很快就结束手术，速度之快让人瞠目结舌。

别人都在为手术忙碌准备的时候，巴甫洛夫早已结束实验，洗手去了……巴甫洛夫在大学的全部时间几乎都是在生理学实验室里度过的，他对科学的热忱不亚于他那一心一意进行科学探索的导师。齐昂也越来越多地委派他进行独立的研究，有的时候不仅是与心脏活动有关联，而且与胃的功能也有关联，在这些领域里科学还没有涉足。

巴甫洛夫和韦利基被奥夫相尼科夫教授批准开始从事心脏研究的工作。他们一次又一次遭受失败，巴甫洛夫的神经有点承受不住了。经过医生的诊断他得了"神经紊乱症"，这种病是失败、苦恼、失眠、怀疑和营养不足一起作用造成的后果。

于是他休假回到了父母身边，困难的时候是温暖的家拯救了他。经过一段时间的调理，巴甫洛夫精力倍增，于是重返实验室。1874年10月29日，这是值得纪念的一天，圣彼得堡的自然科学家协会发了一个特别通报，主要介绍了巴甫洛夫和韦利基的两篇文章《心搏的向心加速器》和《喉神经对血液循环的影响》。

这次的通报是他事业的开端。从此之后，他花了十五年的时光致力于研究心脏和血管的功能。这不是他的主要成就，那他最主要的成就是什么呢？那便是揭开伟大的生命之谜：人的意识是什么？它究竟从哪里产生？这一切意识又是怎样在大脑中进行的？这是在他后来触及最神圣的东西——人类灵魂的时候才研究的课题。

巴甫洛夫·韦利基合作两年之后，1875年，巴甫洛夫因为在研究神经对胰腺影响问题上成绩显著而荣获了金质奖章。此后，他也算小有成就了，可以心安理得一段时间了，但对知识的渴求又驱使他进入外科医学院开始研读三年级课程，以便研究许多更加复杂的学科。

学习之余，他还担任着助教的工作，并独立进行科学研究。诚然，一个人的成功是不可复制的，他的身上有很多得天独厚的东西，然而他身上的重担却也是几十个普通人加在一起也难以承担的。所以在许多年以后，跟巴甫洛夫学习了七年的美国生理学家根特在他的回忆录中写道："全世界的人类都受益于巴甫洛夫的超人天才。"

发出这样的评价当然会不止一人，英国生理学家、剑桥大学教授巴克罗夫特说："巴甫洛夫是一个典范，他将平凡与伟大集于一身，这样的范例世间稀少。"美国教授斯科特也声称：巴甫洛夫是未来的精神病学家。他的预言没错，这在以后得到了验证，目前我们讲述的仅仅是个开端。

# 5. 海登海因实验室

博特金做实验的小屋子，在诊所的花园里。这两间半明半暗的房间，里面却做过很多有意义的实验。

一天早上，巴甫洛夫用罐头盒做了一个变阻器。他的助手库德列维茨基和他抬杠时，说应该到此为止了，因为试验已经得到证实。巴甫洛夫并没有因此发火，他只是摇头不解地想：生理学试验和任何物理学的试验一样，只有力求精确稳定，才能永远不必重复做第二遍，而这些学生为什么就不明白呢？

尼古拉用巴甫洛夫给他的三个卢布牵来了一条劣种狗，现在这条被做过手术的狗就躺在手术台上。做手术时，巴甫洛夫甚至没有用绳子把它绑在手术台上，也没有给狗注射麻药，做这样的狗的试验还是第一次。巴甫洛夫准备在狗的大腿上找到一根小动脉，在上面插进一支玻璃管，然后接上示波器，把血压记录在记纹纸上。麻醉药能显著地改变动脉压，捆绑起来也对血压有影响，因此尽管这样的手术看起来相当残忍，但还是必须这样做，并且需要做得极其细致。

在开始手术之前，巴甫洛夫对狗一步一步地进行了驯化。每当他把狗放在手术台上时，就给狗一块肉。重复几天后，狗一看到面前放着肉，便高兴地看着穿白罩衣的人。巴甫洛夫用他宽大有力的手掌轻柔地把狗翻过来平躺着，同时喂给它一大块令它垂涎欲滴的肉，实验狗便乖乖地任他摆布。

巴甫洛夫在狗的皮肤上切开一个口子，马上又给了它一块特别可口的肉，狗只顾着吃肉，连动都没动一下，于是切口很快就形成了。

现在只需要在支动脉管的切口内插入一个玻璃管量一下血压就可以了。当然这些都是在助手们的协助下顺利完成的。

巴甫洛夫和往常一样，对试验的结果马上进行了详细分析："狗之所以能被这样驯服，是由于陌生的刺激已变成习惯的刺激，把刺激和食物联系在一起，于是就产生了特殊的反射作用。"

一切都拨云见日了，巴甫洛夫和他的助手们排除一切疑点及任何偶然性，终于使实验成功了。巴甫洛夫大步流星地走在博特金的小路上，他感到由衷的喜悦。而就在前段时间，他还感觉自己是处在绝望之中呢！有一段时间，巴甫洛夫觉得自己非但成不了伟大的科学家，甚至连一般的主治医生也不能胜任。

在博特金诊所的走廊里巴甫洛夫遇见了诊所主人。他刚从俄土战争前线回来，正被围在同事们中间，慷慨激昂地叙说着："不幸的俄罗斯，到底领导俄罗斯人民的是怎样的人啊！我曾到过多瑙河，看见我们数以万计的士兵死于平庸的司令尼古拉·尼古拉耶维奇大公的错误指挥之下。"由于极度的愤怒，他的声音都有些战栗了。"参谋长涅波科伊奇茨基同样是个草包。涅波科伊奇茨基这个草包还组织了军医学院管理委员会，这个委员会臭名昭著，想必大家都知道。他们的表现太让我失望了，我也无力改变，我们无力改变局势，唯一能做的事是返回自己的工作岗位，完成自己的职责。"就在这时，他看到巴甫洛夫过来了。

"你找我？有事吗？"

由于刚听了他那一番慷慨陈词，巴甫洛夫都有些不好意思再讲自己的事情了，但不讲也过不去，于是他邀请博特金到他的实验室去。

"那么好，咱们走吧。"

巴甫洛夫去诊疗所找博特金的时候，发现手术台上正安放着一颗剥离的动物心脏，心脏周围布满了神经。真是太不可思议了。半小时之后，这颗心脏依然在跳动，年轻的生理学家对这种现象感到惊奇，他们为生命的坚强而感到钦佩。

"现在请说吧。"博特金有些急不可待地说，眼睛一直盯着那颗跳动的心脏。

"我证实了。"巴甫洛夫十分明确地说，"心脏的活动分别受到四根神经支配，它们的作用分别是使心跳加快、减慢、心肌收缩和舒张。这样，心脏的活动与血压的关系就清楚了。"

"真的吗？真是太好了！"博特金激动地说。"祝贺你，巴甫洛夫！但是加强的神经是怎样对心脏起到作用的呢？"

"我想一定是它能够促进营养物质从周围的液体中输入到心脏。"

"那一定就是营养神经吧？这个实验真是太重要了！你运气不错啊，可以把这作为研究方向。我要再一次地祝贺你！"他们一直交谈着，而那颗心脏一直活着，有节奏地跃动，上面若隐若现的阴影也随之一闪一闪。

巴甫洛夫心中燃烧着一种无法抑制的渴望，他想探讨生理学的一切现象。还在外科医学院实习时，巴甫洛夫就听说有一个叫做海登海因的德国生理学家，他决定要去访问一下这位学者。因为他希望这位研究分泌过程的著名生理学家能够帮助他找到一些途径以获取相关的可靠资料。

作为新生理学的代表人物，巴甫洛夫认为海登海因的研究站在了生命科学的最新阶段——关于活细胞及其组成成分的生理学的先驱。去拜访海登海因，可以说是抢在了时间的前面。他准备假期时去德国。

巴甫洛夫十分重视此次拜访，为此特意买了一件崭新的西装。经过一番准备后，巴甫洛夫踏上了去往德国的旅途。

巴甫洛夫的到来，让海登海因非常高兴，他开玩笑地把巴甫洛夫比喻成"从俄罗斯飞来了一只金丝雀"。的确，巴甫洛夫的新衣服，颜色是鲜黄的，鲜艳得使他在衣着上闹出了笑话。海登海因笑得如此畅快，聪明的巴甫洛夫明白他笑的是什么，为了使自己不至于尴尬地成为取笑的对象，巴甫洛夫扬起双臂，摆出一副鸟儿展翅飞翔的样子，朗声说："像金丝雀？"他笑得那么有感染力，开朗的他很快就融入了德国学者的圈子。

得知巴甫洛夫要来，海登海因早早就为他准备好了一件崭新的白大褂。海登海因把他领到这个柜子跟前，然后又领着他沿着长廊走向一张桌子，上面一个装着沙和水的槽里放着一些带壳的河蚌。

海登海因告诉他，他们正在做实验。"但是……"海登海因挥挥手，阻止了他将要提出的异议："好，明白！"巴甫洛夫马上明白了——在这里是没有争论，没有讨论的，只有服从而已。"那从河蚌开始也可以。"他在心里默默地想。

巴甫洛夫再次研究河蚌，已经是八年以后在路德维希的实验室里了。这次研究的结果是发表了一篇论文《河蚌壳是怎样开启的（对一般肌肉和神经生理的试验和问题）》。

在海登海因的实验室里，巴甫洛夫的假期如梭地飞了过去。除了研究河蚌外，巴甫洛夫还做了其他动物的试验。巴甫洛夫原来的计划没有实现，因为海登海因这位声名远扬的生理学家，并没有帮助他找到取得有关分泌过程可靠资料的途径。

更让巴甫洛夫郁闷的是，他此行的主要目的是想让他证实自己的实验，而海登海因却未能证实他的实验。但是不管结果怎样，巴甫洛夫总的来说还是不虚此行，他向海登海因这位实验室领导人学到了很多东西。

在实验风格上，海登海因实验室有一套不同寻常的工作方法：先是每天一个接一个地做实验，有时候一天做两套实验。起先他只是亲自观察实验细节，了解细微条件，甚至连实验记录都不做，直到全部掌握了基本条件之后，他才会把那些实验现象记录下来。在这个时候，他都事无巨细，观察入微，每个微小细节他都不放过。

这种注重细节的实验方法，对生理学家来说意义重大。

在人格上，海登海因具有迷人的个性，他非常朴实，做起事情来非常投入，他好奇心很大，好像对一切都充满了兴趣。作为老师，他每时每刻都在期待着学生的进步。海登海因开朗活泼的性格感染了整个实验室的工作人员，他对实验室里每项工作的成败都感同身受，他的负责态度影响了实验室的每一个人，也带动了大家，每个人都像对待自己的事情一样关注实验的成败。

更富戏剧化的是，巴甫洛夫有着同样的工作方法，相同的工作态度以及相同的待人方式，这让他们成了知心朋友。

# 6. 博士证章

在妻子不在的日子里，巴甫洛夫几乎昼夜在实验室里工作。论文进行的也比较顺利，1883年5月他通过了答辩。为了表示庆贺，朋友们私下凑钱为他定购了一枚特殊的博士证章。这个庆祝会是在巴甫洛夫的家里举行的，他们准备了许多好吃好喝的，摆了满满一桌子。大家边吸烟边聊天，等待着巴甫洛夫归来。

"真是的，剽窃伊凡的思想都已经成为惯例了。"瓦格纳在替巴甫洛夫抱不平："在他的帮助下，已经有多少博士出来了。他脑子里的思想就像口袋里的粮食，任人随意拿取，可是也得感谢一下呀！即使是在他论文答辩时，真该对他的无私帮助表示感谢。"

"他是一个非凡的天才，没什么可值得怀疑的。许多重要的学者关注他发表在博特金学报上的论文。"内科医师西罗季宁·亚诺夫斯基道出自己的意见。

"先生们，他快来了，赶紧找出一个人来向他致贺词吧！"博戈亚夫连斯基一边切面包一边说。"那么就让亚诺夫斯基吧，他说话带劲，让他颁发证书。"德米特里建议。他侧耳一听，"安静！好像是开门的声音……"

梅尔卡叫着向屋外跑去，大家也立刻停止了交谈，全都站了起来。果然是巴甫洛夫，他快步走了进来。

亚诺夫斯基马上向他迎去，还向前稍稍迈了一步，然后庄重地宣读："授予医学博士伊凡·彼得罗维奇·巴甫洛夫，证书——鉴于您在科学研究工作和教学实践中的无数功绩，鉴于您一直以自己的言行引导渴望进入科学家行列的人们的坚贞不渝的热忱，鉴于您在我们最高学府表现出的公认的永不枯竭的朝气和乐观精神，鉴于上述一切，以及诸多异常高尚的品德，受学术界同人委托，特奖励您博士证章一枚，希望您永远将它佩戴！

代表：西罗季宁·亚诺夫斯基"

宣读完之后，亚诺夫斯基急忙给巴甫洛夫戴上了博士证章。巴甫洛夫还来不及说点什么，已经飞起了香槟酒的瓶塞，响起了"乌拉！"的欢呼声。满屋子的人都团团围住了他，纷纷表示祝贺，巴甫洛夫笑着和大家一一碰杯。

"瞧瞧我们梁赞人多么厉害！"德米特里拍着哥哥的肩膀说，"这不过是开始呢，伊凡还要露一手的！"屋子里又响起一阵"乌拉"声。巴甫洛夫附和说："你们要是参加答辩就好了，先生们，真可惜，你们谁也没去，不然你们更会为我高兴。大家的讲话都很好。可是轮到塔尔哈诺夫发言的时候，这位颇有声望的老教授每句话都透着一种小人的忌妒心。他所说的都是一些令人费解的话，颠倒是非，莫名其妙。我面不改色，从容应对，并且轻而易举地就驳斥了他那些平淡无奇的论据，反而把他推进了既可怜又可笑的境地。"

"不仅保卫了自己，同时又把对手拉下马来，好样的。乌拉！"瓦格纳叫了起来。大家又是一阵欢呼，再次为巴甫洛夫举杯。

"先生们，我记得，有一次塔尔哈诺夫奚落了我，对此我绝不罢休，一定要击败他。当时我记得清清楚楚，奥夫相尼科夫教授设计了一种装置，专门研究肌肉活动对新陈代谢的影响，他在连接滑轮的绳子上缚上狗的爪子，只要滑轮一动，狗的爪子也就随之移动。奥夫相尼科夫对所有与会者声称，这是纯粹的肌肉运动。我不认同他的观点，就忍不住发问，没有负荷狗的爪子只是被动活动，这还能算什么肌肉运动呢？这下子奥夫相尼科夫马上明白自己犯了一个愚不可及的错误。错了就错了，没什么了不起的，谁还不会犯错呢？可是事情没有完，这个塔尔哈诺夫突然冒了出来。大家知道，他出身贵族，而我出身平民。他竟然傲慢粗暴地宣布我的意见丝毫没有意义，结果我一摔门就退出了会场。"

"你真是好样的，那这样你就可以向全世界证明你是个人物！"德米特里满怀讥讽地说。

"我主要是不许人侮辱我！"

"奥夫相尼科夫平时待你这么好，你这样做会使他难堪吧？"

"在科学上最主要的就是要有原则性。"

"朋友们，朋友们！"博戈亚夫连斯基使劲挥了挥手，努力使兄弟二人冷静下来。"别忘了，今天是伊凡的好日子！"

"我觉得，"巴甫洛夫提高了声音的分贝，"现在是个好机会，我们可以和塔尔哈诺夫来一次清算。我将在博特金的《临床学周报》上登一封公开信，把我俩当时辩论的场景说个一清二楚。那时我一句难听的话都没说啊，但现在……"

"就是现在你也什么都别说。"德米特里制止了他。

"那又是为什么呢？"巴甫洛夫不解地问道。

"这有损于学者的名誉，科学不容许公报私仇。"

"我觉得这话说得一点没错儿，"瓦格纳表示同意道，"德米特里的意见是正确的。"

"用不着这样，伊凡，"博戈亚夫连斯基温和地说，"你应当摆脱个人的恩怨。况且，塔尔哈诺夫完全不是那次辩论时表现出的那种人，请相信我！"巴甫洛夫有点迷惑地望了望在场的人。

巴甫洛夫挥了挥手，憨憨地笑了笑，仿佛要把一切不快都赶跑似的，每逢说错了话或看问题不对时，巴甫洛夫就是这样。

"真见鬼。那就不写了！你们说得对，我还是气量不够。这一点上，我都讨厌自己了。"

"为你这种严于责己的精神，我们更爱你了。"瓦格纳说着就拥抱了巴甫洛夫。

大家欢呼高叫，又喝了一些酒，随后便天南海北瞎聊了起来。他们互相打断，都认为自己的话有分量。然后就唱歌，直到午夜时分才席终人散。德米特里将客人们送出了家门，巴甫洛夫躺在沙发上，枕着手臂，愉快地沉思。整个晚上，他一点酒也没喝，现在脑子更是异常清醒。他正要打盹时，门铃突然尖锐地响了。巴甫洛夫还以为是德米特里回来了，心里很不情愿地去开门，当他把门打开时，发现门口站着的是谢拉菲玛。

"是你！"他高兴地叫了起来。

谢拉菲玛扑进他的怀里，抽泣起来。

"亲爱的，出了什么事？米尔奇克呢？"巴甫洛夫没看到他们的孩子，忍不住大喊起来。听了他的问话，谢拉菲玛哭得越发不可收拾。巴甫洛夫这时才意识到，如此悲惨无可挽救的事情发生了。谢拉菲玛坐在沙发上，巴甫洛夫搂抱着她，夫妻二人无比悲痛。德米特里回来时，歪戴着帽子，领带也斜着系着。看到谢拉菲玛，他先是高兴，而后便觉得惊惶不安起来，立马冲到了他们跟前："出了什么事？你们怎么啦？"巴甫洛夫抬起头，泪痕满面。"米尔奇克死了……"

# 7. 博特金的建议

就这样，米尔奇克的夭折将谢拉菲玛的人生带到了谷底。他几乎带走了谢拉菲玛全部的快乐。

谢拉菲玛天天哭个不停，不吃不喝，还整晚不睡觉，一动不动就能待好几个小时，任何安慰和关怀体贴，她都无动于衷。医生诊断她得了神经衰弱，而且日渐消瘦。医生警告说，如果不能"唤起她生活的勇气"，就有可能发生不测。巴甫洛夫对此忧心如焚，甚至因此引起了同事们的注意。

"你怎么又忧心忡忡了？"巴甫洛夫的老朋友、年轻的内科医生西玛诺夫斯卡娅，走近前来十分关切地询问。

巴甫洛夫因为儿子的夭折而一蹶不振。有很长一段时间，他都是整日倚在窗边，无声地看着窗外花园里的落叶，悲伤不能自己。时间一天天过去了，巴甫洛夫逐渐从悲痛的阴影中走了出来，心态逐渐好转起来，并开始重新投入了工作。他慢慢就恢复了自信，在实验室的各个角落里又重新回响起他那坚毅而又严厉的男中音。

可是不久又有阴云笼罩在他的脸上，"我妻子病得很厉害。"他对同事们说。大家建议巴甫洛夫带谢拉菲玛到博特金的诊所去看看。

他强迫自己蹒跚地走进邻近的小屋，但是谁都看得出来，他步履沉重，好像无比艰难。

在以往，如果有了不高兴的事情，只要干起自己喜爱的工作来，巴甫洛夫就会不由自主地振作起来。儿子的夭折给他的心灵带来了巨大的创伤，也许他只有工作才能忘记创伤，重新振作起来。

然而不同于以往，这一次，就算是心爱的工作也无法医治他内心的创伤。巴甫洛夫自己知道，无法振作的根源在于妻子。现在谢拉菲玛的状态让他近乎崩溃。巴甫洛夫痛苦万分，但令人吃惊的是，这并不影响他以一种审视的目光来观察自己。

他这个能力从小就有，无论哪种情况下，他都下意识地对自己进行生理学方面的观察。日复一日，年复一年，这已变成了巴甫洛夫的习惯，不可更改。这种习惯变成了一种信念，即使在最痛苦的时刻，也能支撑他进行研究工作，并从中得到满足，获得精神上的补偿。

巴甫洛夫希望妻子能尽快走出阴影。于是请西马诺夫斯卡娅带妻子去博特金的诊所看病。西玛诺夫斯卡娅找到博特金，对他讲了事情的始末。如她所料，博特金愿意接受这名病人。

博特金紧紧握着谢拉菲玛的手，把一语不发的她带到了微亮的窗前，此时窗外细雨纷飞。

谢拉菲玛的眼睛暗淡无光，博特金目不转睛地看着她，用不高的声音问："孩子死了，难道我们就只能忧愁、屈服？难道就因此再也不想活了，还想扼杀那些可能出世的人？"

他的话里透出一种威力，逼迫着谢拉菲玛从麻木中清醒过来。"作为一个著名的生理学家的妻子，难道她应该这样做吗？"

"我觉得对不起他……"

"如果你觉得对不起他，那你就不要让他再痛苦了，你该好好关心关心他了。"

"当然，当然，我应当关心他……"

"如果是这样的话，你应该离开一段时间，因为你的情绪一直在影响着他，他一直都郁郁寡欢。"

说完之后，博特金观察她的反应。"不行，不行，我不能留伊凡一个人在这儿！"她着急甚至有些惊慌地说。

"那好吧，我们暂时就不说离开的事。"博特金低声宽慰着她。"那请你告诉我，你喜欢喝牛奶吗？"

"一点也不喜欢，从来不喝。"

"如果你不愿意让你的伊凡精神痛苦，那就尝试喝牛奶吧。你是南方人，也许喜欢吃午饭时喝一点轻度葡萄酒？"

"从来没喝过，我讨厌酒精饮料。"

"很好，我建议你最好在吃饭前来一小杯葡萄酒。你玩牌吗？"

"啊，我从来不玩牌。"

"虽然你不喜欢，但是你最好同巴甫洛夫玩玩'傻瓜'。"谢拉菲玛正准备反驳，但博特金制止了她，悦耳的声音里投射着不容置疑的口气：

"你读过仲马的书吗？"

"我早就学完大学课程了，对这些无聊的玩意不会感兴趣了。"谢拉菲玛潜意识里想挣脱医生的控制，但是博特金柔和而有威力的声音却不容置疑。

"好，我们就这样说定了。为了以后你们孩子的健康活泼，同时也为了让巴甫洛夫打起精神来——他现在的试验极其重要——你先每天喝半杯牛奶，以后一天一杯，直到增加到每天八杯，然后再慢慢减少到半杯，每一杯里面都放一茶匙白兰地酒。"

"这太难喝了！"

"可是药比这个更难喝。还有，你要坚持午休，每天半小时就够，睡醒了你就去玩玩牌，读点轻松的书。不管天气怎样，每天都坚持去散步，每次至少要1小时。临睡前用水擦擦身子，然后用粗布单子把身子擦干。

如果你能做到这一切，那我敢保证你3个月后会重新变成一个健康的人，然后你就可以同巴甫洛夫一起去德国。那时他将在德国著名学者海登海因和路德维希的实验室进行非常重要的工作。从现在看来，我相信你一定能办到。"对他的话谢拉菲玛只是忧郁地笑了笑。

　　每天晚上，巴甫洛夫都和谢拉菲玛在一起，把她那纤弱的小手握在自己手心里，抚摸着她那瘦削的面庞，轻声地宽慰她："亲爱的，你得听博特金的话，按照他说的去做。你想，如果你死了，我的一切也跟着完了！你活着，我的生命才有意义。你知道我那么热爱科学，你是知道的，科学对我意味着什么。如果不是这样，我宁愿舍弃一切，甘愿到穷乡僻壤去做乡村医生。"

　　"不，不！"谢拉菲玛用力地摇头，将巴甫洛夫的手紧贴在自己的胸口上，"你千万不要这样，我临死之前最大的愿望就是：为了我，你要献身于科学事业。"

　　"是的，是的，但一定是和你在一起……只能和你在一起！"

第三章　事业巅峰

想要攀登到科学的顶峰，首先必须把科学的基础知识搞清楚、弄明白。我还要告诫你们，做任何事情都要循序渐进，理解透彻了前面的东西，再去动手做后边的事情也不迟。

——巴甫洛夫

# 1. 重访德国

1884年6月，巴甫洛夫和妻子来到了德国。距离巴甫洛夫头一次来海登海因实验室，不知不觉已经过去了七年，但巴甫洛夫还留在实验室工作人员的印象里。他一到，幽默的海登海因就大喊起来："俄罗斯的金丝雀又飞回来了！"巴甫洛夫听到这个玩笑心中不太痛快，只是微微一笑，没有言语。显然他对那桩穿黄西服的往事还是有点介怀，并不那么喜欢让人提起。

由于海登海因很快就要去度假，巴甫洛夫在实验室的工作没有多长时间。巴甫洛夫采纳了海登海因的建议，于是他们准备去瑞士度假。在瑞士，他们找到一个很幽静的地方——绍代，在那里住了下来，在那里他们愉快地度过了整个假期。

因为快分娩了，谢拉菲玛很少出去散步，很多时候都待在家里，巴甫洛夫也在家陪着她，这种生活过得非常安逸。清静的生活他们没过多久，老朋友们便陆续来访，其中包括斯托列尼科夫、卢基扬诺夫医生夫妇。卢基扬诺夫平日不爱出门，于是巴甫洛夫便把谢拉菲玛托付给他，而自己在瑞士四处游览，尤其是那些好玩有趣的地方，对他非常有吸引力。

忙碌惯了的巴甫洛夫受不了这种无所事事的日子，他一个人登峭壁、探峡谷、穿盆地，简直是无所不往。再次回到德国时，巴甫洛夫一家已经由两人世界变成三口之家了。谢拉菲玛十分顺利地生下了他们的儿子——沃洛佳。暮春时节，他们一家三口搬到了莱比锡。

　　巴甫洛夫一直都梦想能够在著名的生理学家路德维希那里工作。他也听说路德维希的生理学研究所在当时是数一数二的工作室。他还侧面了解到，路德维希拥有广泛的兴趣，对科学无限忠诚，并且待人诚恳，生活却朴实无华。事实也正是如此，路德维希向巴甫洛夫敞开了所有实验室的大门，他也十分期待巴甫洛夫的到来，因为之前他对俄罗斯的科学家有所了解。

　　俄罗斯的一些大学者给他留下了深刻印象，例如奥夫相尼科夫、谢切诺夫、乌斯季莫维奇、齐昂。路德维希非常钦佩俄罗斯人的勤勉和求实精神。但是他在巴甫洛夫身上发现，不仅如此，巴甫洛夫还有瞬息间就能抓住事物实质的本领。巴甫洛夫没有对任何人透露过他此行的主要目的。他的目的是想在路德维希实验室里对自己一系列的实验想法进行检验，但他未能如愿。

　　路德维希实验室的工作特点是把整体分成若干部分，然后再一部分一部分地进行研究。但是巴甫洛夫却不这么认为，他觉得把机体拆开并不妥，应该对机体整体进行研究，但路德维希坚持己见。

　　不过实验上的观点分歧，并不影响路德维希对巴甫洛夫人品的看法，路德维希很敬重巴甫洛夫的人品，因而觉得有责任和必要去拜访谢拉菲玛。见到谢拉菲玛之后，他对巴甫洛夫在他的实验室工作的表现大加赞扬，最后他说："谢拉菲玛你有这样一个伟大的丈夫，真是值得骄傲啊！"

　　"伟大的"这个称号，在此之前，还未曾有人当着巴甫洛夫夫妇的面提起过，现在这种评价从一个世界闻名的学者口中说出来，真是令人感到欣慰。

在德国两年的工作很快就结束了。关于这段时间的生活，巴甫洛夫写了如下的感想："在这一段国外的生活，我认识了像海登海因和路德维希这样的科学家，他们将科学研究当成了自己的生命，除此以外，没有任何别的希求。这就是这段时间的最最可贵之处。"

# 2. 博特金小屋

巴甫洛夫之前在圣彼得堡的工作，由于他的出国而被人顶替了。他回国后，博特金诊所的职位也满员了，因此他希望在军医学院那里得到一个职位。但那里也没有空缺。虽然一时找不到工作，但日子还是得过，于是德米特里把他的薪金贡献了出来。

巴甫洛夫希望能够争取到马卡里主教奖金。前一段时间在德国时，他就曾写信给俄罗斯科学院，要求他们接受他在血液循环方面的研究成果。马卡里主教奖的奖金数目还是不菲的——一千五百卢布。负责审查巴甫洛夫研究成果的是塔尔哈诺夫。塔尔哈诺夫给了他一个差评。他在鉴定的结尾写道："巴甫洛夫先生关于心脏传出神经的研究虽触及、并部分地解决了一些问题，但是对研究对象缺乏有根据的分析，结论过于草率。此课题有待今后认真研究。"

只有博特金花园里那个破旧的实验室依旧对他敞开大门，博特金急切地等待巴甫洛夫归来。博特金给予了巴甫洛夫无私的帮助，他把自己的研究人员派往实验室，不索取任何报酬。这些人都是通过巴甫洛夫的帮助获得博士学位的。

巴甫洛夫现在生活捉襟见肘。日子一天天过去，他还是没有找到工作。一起在实验室工作的同事们都知道他经济拮据，都想多少给他一些帮助。他们请巴甫洛夫在诊所讲课，这样做的唯一目的，就是给他一个机会赚几个卢布的钱维持生活。讲课结束之后，他的一个名叫奇斯托维奇（后来成为一个著名的传染病学家和内科医生）的学生，走到巴甫洛夫面前，向他递过来一个信封："巴甫洛夫先生，请您收下我的酬金。"

"这是什么酬金？"巴甫洛夫有点摸不着头脑，他疑惑地问道。他打开信封，从信封中抽出五个卢布。

"这是什么钱？"

"说实话，我也不是很清楚。"奇斯托维奇笑着摇摇头。"是有人委托我一定要交给你，我只是照办而已。"

"那是谁委托你来的？"巴甫洛夫有点恼怒了，他有点明白这笔钱的来历了。他正要火冒三丈的时候，尼古拉从外面走了进来。

"人家送狗来了，买还是不买？"

"当然要买，"巴甫洛夫马上回答道，他回头看着奇斯托维奇，怒火烟消云散，微笑着对他说："看，你的钱马上就可以派上用场了。"

于是他立刻和尼古拉来到院子里，从3个衣衫褴褛的流浪汉手里买下了5条大的劣种狗。巴甫洛夫高兴地回到实验室，分给西玛诺夫斯卡娅一条狗。

"瞧，给你一条狗。你对分离胃的神经有些了解吧？"

"不了解。"

"你不了解？"巴甫洛夫大笑了起来。"其实我也不清楚，但是我有充分的根据，可以设想存在这种神经。我们将要看一下神经的反应，把胃的活动完整地展现出来，就像在手掌上一样。"说着他伸出宽大有力、手指白皙修长的手掌来。

"怎么做到这一点呢？"

"通过胃瘘管——一种可靠的工具。我们现在就开始做这项手术。请把狗准备好，这项研究由你来进行。"

"这样重要的工作你交给我做？你信得过我？"西玛诺夫斯卡娅被安排接受这样重大的手术，简直是受宠若惊。

"怎么信不过？你在伯尔尼大学毕业，获医学博士学位。现在请你协助一下。我没有任何根据不信任你，但是你要知道，胃瘘管——只是个开始。我们要开一个门，在身体表面用这个办法，这样就可以看到消化道各个部分的工作情况。请你相信我，到那个时候消化的神奇奥秘就会被我们揭开了，所有的疑云都会消散。请你现在就准备狗吧。"

"好的。但是还有一件事，马纳谢因的内科那里现在正好有一个空缺职位，你有空可以去看看。"

"去乞求吗？我不去。"

"我知道你会这么说，但是……你们这样下去是不行的，因为我昨天见到谢拉菲玛了。"

"一直这样生活当然是不行，但我也不能因此去求他。"

"这并不是低声下气，你可以相信我，马纳谢因人不错。他肯定乐意接纳你。他可能会把你列入医院的编制，而你还可以继续在实验室工作。"

"现在我们开始做实验吧。"巴甫洛夫打断了西玛诺夫斯卡娅的话，把问题的焦点重新引到实验上来。

抛开了所有烦恼忧虑，他们一连干了好几个小时，手术做完后，西玛诺夫斯卡娅再一次向巴甫洛夫提起到马纳谢因教授那里去工作的事。她鼓足勇气又提了一遍，好在巴甫洛夫并没有再发火，也没有说难听的话，这种情况在工作中很少见。因为当他不满同事们的疏忽或者磨磨蹭蹭的时候便会暴跳如雷，过后他又会跟同事道歉，说："我说了粗话，请不要在意。"

这次，巴甫洛夫忧伤地看了西玛诺夫斯卡娅一眼，终于去找马纳谢因了。但半路他又折了回来。

"我不能去。"他苦恼地说。

"那么，我们一起去吧，"西玛诺夫斯卡娅劝他说，"他在等你，别人跟他谈起过你。你不去会显得不礼貌，走吧，走吧。"他去了。

那天晚上，巴甫洛夫写了一封信给托姆斯克的弗洛林斯基，要求在西伯利亚大学教研室得到一个教授的职位。既然圣彼得堡没有他的位置，到托姆斯克工作也好。那里也找得到狗，解剖刀是随身带着的。

"我的朋友，"一天晚上，谢拉菲玛对他说，"什么时候我们才能结束这种紧巴巴的日子呢？德米特里过几天就要走了，再也没有免费的房子住了，将来的日子没准更难过。"

"没有办法，既然德米特里去了波兰，我们只好另找住处。"巴甫洛夫的口气好像不是在为自己的生活发愁，反而是在指责弟弟。"没有关系，我们在别的地方租一间房子，照样过日子。"这时他突然想起，他已经是七等文官。

他还幽默地将一首抒情歌给换上了自己作的词，用男低音唱道："我现在是七等文官，她却是将军的女儿？"他笑了起来，吻了一下妻子。

"你呀，一切都可以拿来开玩笑！"谢拉菲玛温柔地说。

"不是一切，远远不是一切。"他在她的话中听出了一丝忧愁。"前几天我给弗洛林斯基去了一封信。我想他能同意我到他那里去工作，我在医学院的时候，他就清楚我的为人。我还给杰利亚诺夫部长写了封信。你想想，你的伊凡可是一个有本事的人。"谢拉菲玛温情地看了他一眼——他哪算什么能干的人！

"正因为我知道你很聪明，我才觉得难过，日子竟然过成了这样。"

"真的？！"巴甫洛夫欢呼起来。"完全忘了！在我的指导下奇斯托维奇和扎瓦茨基已通过博士论文答辩了。"

"可是你又得到什么好处？"谢拉菲玛突然改变了声调，她冷淡地说。

"怎么没有，我为他们感到高兴。你要知道，他们都是才华横溢的科学家啊。"

# 3. 胃液流出来了

巴甫洛夫夫妇在弟弟德米特离开的前一周搬家了，新居位于加加林滨河街上。房子非常窄小，新家的家具——几乎所有的东西都是从德米特里的住宅搬过来的。两兄弟用了好几天的时间才把所有家什搬上楼去。把宝贵的时间浪费在这事上，多少让他们觉得有些可惜。

然而，当巴甫洛夫回到实验室重新开始工作时，马上就变得兴致勃勃。实验成功了，这是一只健康的狗，甚至还很欢快。它贪婪地扑向食物，把肉整块吞咽了下去。研究人员事先在狗的食道里插了一根导管，这些肉块到达食道后，没有往胃里走，而是通过他们插的导管又回到了容器里。狗看到食物后，马上又把肉吃了下去。此时纯净而透明的胃液就从胃插管中一滴一滴地流到大玻璃瓶里。

"流了！流了！"巴甫洛夫不禁欢呼起来，"这是新发现的一个不容置疑的事实：由于中枢神经系统的影响，狗即使没有真正地吃到食物，也有胃液溢出来。海登海因完全否定神经对胃液溢出的影响，认为只有食物才会刺激胃液产生。现实情况可不是这样：胃里没有食物，这下他可错了。现在没有食物，胃液依然在流。我们这次手术的意义恰恰证明了这点，我亲爱的西玛诺夫斯卡娅！"

"实验的成功只能归功于你的巧手，这次手术是这样复杂。"

"我得感谢海登海因还有路德维希，还有我的老师齐昂。在这方面他们真是卓越的教师。但是这远远还不够！现在我们要观察切断神经之后胃的活动。我们现在继续进行手术。"

巴甫洛夫又是手术，又是给医生讲课，一整天都在极度的紧张和兴奋中度过。实验完后，他便大步流星地赶回家去，他丝毫感觉不到疲倦。

回家这段路上他总是用来思考、规划第二天的工作。有时，看到旁边驶过的马车，他便产生冲动，和疾驰的马车赛跑，他间或超过马车，便心中暗暗得意，对自己夸奖一番。但他极少乘坐马车，他喜欢步行。在他到家的时候，碰巧遇到了辞别的医生。

"你好，医生？怎么回事？"

"我们不要再耽误医生的时间了，再见，医生。"谢拉菲玛说。医生道别后就走了。

"怎么回事？谁病了？你病了吗？"

"沃洛佳病了。医生极力主张，我和沃洛佳赶紧离开圣彼得堡。"

"离开圣彼得堡？"

"是的，我决定好了，到波罗的海沿岸地区去。我不能拿孩子的生命冒险。"这句话她简直是喊出来的，说着又哭泣起来。

"当然，当然，只要有必要……去吧，一定得去。"

"靠什么去，钱呢？"

"又是该死的钱！"

"是，是，钱是该死，可是我们老是没有。天哪，这种日子哪一天才是个头呀！"

"当然啦，是我不好。可我哪有权利结婚啊，现在让你受罪了……但是我们不会老是这样倒霉的，我向你保证，很快我就要有重大发现，一旦得到承认，我们的苦日子就要结束了。一定要相信我！"

巴甫洛夫握住谢拉菲玛的手，按在胸前。他用忧虑的眼睛望着熟睡的儿子，像发誓似的，语调急速地说："一定要照顾好我们的儿子，好好保护他，求求你……你放心……我肯定能弄到钱，一定会！"

后来在西玛诺夫斯卡娅的帮助下，谢拉菲玛终于启程了。巴甫洛夫终于舒了一口气，继续全神贯注地投入实验之中。

只在有限的空闲时间他才想起寄给西伯利亚大学的那封信。弗洛林斯基回复给他的消息令人振奋，但是否任用巴甫洛夫，最后由教育部长决定，现在就看教育部长的态度了。随着实验一天天的进展，巴甫洛夫对他实验方向的正确性越来越肯定。

"现在，第二条迷走神经切断了。"

他显得非常激动，对库德列维茨基说："给狗喂食吧。"库德列维茨基将一盒食物放在狗面前，狗贪婪地吃起来。可是导管没有导出一滴胃液来。

"好极了！口腔对胃腺的反射作用完全消失了，而狗却没有什么反应。"

巴甫洛夫用手轻轻拍着狗，温柔地抚摸它那光滑的毛。"我们方法的优越性在这里：没有用麻醉药，就能让动物安静。实验结果和我们预料的一样。亲爱的库德列维茨基，请把实验结果记下来。"他突然笑了起来。"海登海因又要丢脸了！好，这样就对了，注意第一个观察。"巴甫洛夫匆忙穿好衣服，匆匆地走了出去。

已近深夜，大街上寂静无声。道路两旁稀疏的路灯投射出昏暗的黄色亮光。积雪堆积在人行道上，夜间的严寒显示了它的威风，路旁的院子里有跳动的篝火，那是清洁工和值班警察在取暖。巴甫洛夫快步疾行。

妻子走后，他搬到了西玛诺夫斯卡娅夫妇家。因为西玛诺夫斯卡娅知道，巴甫洛夫的妻子不在身边，他肯定不会照顾自己，于是决定由他们来照顾他的生活起居。但是巴甫洛夫一路上心里很不踏实，他担心实验是否按他的意图进行，于是他又返回了实验室。

　　静谧的夜晚笼罩着冬天花园里那座孤零零的小实验室，窗户里透出微弱的灯光。狗站立在台子上，库德列维茨基坐在旁边，手里拿着表，认真数着流出胃液的滴数，他在进行另一个实验了。

　　"怎么样，结果如何？"巴甫洛夫轻轻走进来，生怕分散了狗的注意力。

　　"都和以前一样。"

　　"你这条狗工作得真不错！"巴甫洛夫高兴地说，"现在我算放心了，可以睡一会儿了。"他走进邻室，和衣躺在桌子上，又盖上一件大衣。早晨，西玛诺夫斯卡娅在这里发现了他。

　　"你怎么能在这里睡觉！"

　　"说实话，昨天我去你那儿了。"巴甫洛夫从桌子上跳了下来。"已经走到富尔什达得街，但又折了回来。"

　　"我们一直等到深夜。"

　　"真是抱歉，但总的来说，睡足了就行了，反正这里也不坏。"

　　"不行，不行。再这样，我就告诉谢拉菲玛。现在让我向你祝贺华沙大学医学系授予你亚当·霍伊尼茨基奖金。"

　　"这是因为《心脏加强神经》那篇论文吧？无论如何，这是件令人高兴的事。华沙有不少同行，他们都特别关注我的进展。图马斯曾在我的指导下准备了博士论文。"

　　"好事还没说完呢。"西玛诺夫斯卡娅调皮地笑了笑，"如果你现在愿意大驾光临寒舍，那有一笔奖金是汇给你的，九百卢布呢。"

　　"真有此事？那太好了，看来我得马上去你那里。我得赶紧把它寄给妻子，让她把所有的欠款都还清，当然也包括欠你们的。这会我就去，谢谢你带来的好消息！"离开之前，他又朝库德列维茨基那里看了一眼，他依旧纹丝不动，认真地在数着导出来的胃液滴数。

"太好了，连续工作了十八小时，这条狗真是好样的！"巴甫洛夫对狗赞不绝口。他关切地询问库德列维茨基："你很累了吧？"

"没关系，还可以坚持到做完实验。"

# 4. 假饲

在医学外科学院的求学岁月虽然艰苦，但命运却使巴甫洛夫有幸会见了两个人，他们对他日后在科学上的建树起了显著的作用。

其中一位医学院的外科主讲人尼古拉·瓦西里耶维奇·斯克里弗索夫斯基是俄国最好的外科医生，他以大胆、敢于创新的手术在全国享有盛名。对于前来求医的人，不管他们来自哪里，他总是热情耐心地接待，并给予他们必要的治疗。

巴甫洛夫当时已经娴熟地掌握了外科手术，在观察了斯克里索夫斯基的工作之后，他明白了，在手术及手术后的治疗中，应该采用预防感染的药剂，应用最新科研成果非常重要。巴甫洛夫总是要等到狗的伤口完全长好并恢复正常功能的时候，才给狗做手术。在准备用狗做自己的生理实验的时候，他像对待病人那样照看着狗。巴甫洛夫由于这种原因，而成功过渡到全新型的实验。

为了有别于之前在生理学上采用的"急性"实验，他把这些实验称为"慢性"实验。这些实验是在事先动过手术但痊愈的狗动物身上做的。巴甫洛夫每天都认真仔细地观察动物，用几周甚或几个月的时间来进行。而在过去，给狗做实验必须在手术台上经过麻醉后才能进行。

当时还有一位医术高明的住院医师名叫谢尔盖·彼得罗维奇·鲍特金，他喜欢讲"车轱辘"话，他讲课的速度很慢，喜欢咬文嚼字，课讲得并不很出色。但在科学实验方面，他不拘一格，敢于发表自己的见解。在他看来，未来的医生，应先在动物身上进行实验，然后才能对病人进行诊断。

他曾亲赴俄国和土耳其战争的前线，从前线回来之后，他慷慨激昂地数落了大公视察过劣迹斑斑的军队。据传闻说，鲍特金是极少数敢于向沙皇提议赦免车尔尼雪夫斯基的人之一。在那个时候，医学外科学院里有老师并不同意他主张的关于在医学中进行科学实验的观点。在自己的医院里，他专门建立了实验室。

医学院学生巴甫洛夫到这里来工作。这个实验室里，也同时在研究并检查心血管系统疾病的药物治疗效果。巴甫洛夫的学位论文也与此有关。

鲍特金会经常抱怨，他说消化系统是一件生命攸关的大事，可是生理学在这个方面的研究明显落后于医学。对于在消化器官患病时做出诊断来说，那个时候人们对于肝、胃、肠的情况知道的确实太少了。实际上是从头开始这一科学领域，巴甫洛夫希望搞一种能从外部对消化过程进行观察的实验。

这时巴甫洛夫头脑里又想起了上神学院时读过的刘易斯的书，书中记述了一件很有趣的事。一位不寻常的患者在打猎时腹部受伤，看起来好像难逃一死。但他找到一位加拿大医生，竟然意外地活了下来，但是伤口愈合得很不理想：胃壁和表皮长到了一起，在那里形成了一个瘘孔。胃里发生的一切，都可以通过这个瘘孔看得清清楚楚。

巴甫洛夫从这个特殊的病例中受到了启发，于是生理学家们在实验用狗的胃上也开了类似这样的一个"小窗口"。但是，在胃的工作过程中，因为其中有食物，这既影响对胃的观察，也影响提取胃液样品。怎么样才能让胃照常工作，同时又不会受到食物的影响呢？必须想个特殊的办法来饲养狗，才能够提取化验分析用的没有食物杂质的纯胃液。

巴甫洛夫想出了一个简单而又别出心裁的办法来解决这个问题。他在狗的胃壁上开了一个孔，在食道上也弄了一个，同时开了两个"窗口"。这样，等狗痊愈后，它们吃食物时，食物就从食道上的瘘孔漏了出来，而不能直接到达胃部。但胃已开始做好准备工作，收到了食物进入器官的信号，并大量分泌胃液，以协助胃的消化功能的完成。于是实验人员就可以从容地从第二个孔里提取胃液。

这种令人瞠目结舌的"假饲"，在巴甫洛夫的精湛技术下顺利地完成了。每次狗想吞下那一口食物，食物只能到食管，到不了胃里，而实验人员却得到了大量流出的胃液。一连几个小时，食物不断地由奶变成肉或面包，这样来观察分别在不同食物诱导的情况下，胃液的化学成分有哪些相应的变化。甚至给实验用狗喂一些砂子或小石子等狗不能吃的东西，然后观察它的胃有怎样的反应。

但是，另一个问题又引起了大家的注意。起初，已经有实验证明，胃的功能决定于神经系统并受它控制。可是在假饲实验中，食物从嘴里进入后，没有直接到达胃，而胃已开始工作。

可见，是由嘴通往食管的神经对胃下达了命令。如果切断通往胃的神经，那么胃液就不再分泌了。除此之外，几乎找不到任何途径能够证明神经系统在消化过程中所起的调节作用。巴甫洛夫成为第一个在此项实验取得成功的人，它的成果把海登海因以及国外的同行们远远地抛在背后。而海登海因作为当时全欧洲公认的权威，巴甫洛夫不久前还曾登门求教于他。

在巴甫洛夫此后具有突出意义的生理学实验中，"假饲"是其中的第一个环节。因为这些成功的实验，巴甫洛夫开始致力于消化过程的研究。从此以后，他就不再研究心脏的活动了。

# 5. 自己的实验室

那些年，巴甫洛夫认识了另外一位公爵大人奥登堡斯基亲王。奥登堡斯基亲王是近卫军军团的司令，但他活动广泛，并不只是局限于军务，他还是一位著名的积极地保护文学和科学的赞助人。

奥登堡斯基亲王在加哥拉筹办了疗养院，用自己的资产在圣彼得堡创立了儿童医院和精神病院各一所，此外他还身兼护士协会的监护人。参与慈善事业，这一点传承自他的父亲。为了此事，宫廷里认为奥登堡斯基家族有点"出格"。虽然如此，并没改变他竭尽全力发展医疗保健事业的兴趣，他总是我行我素。

当时，圣彼得堡的医疗卫生状况不怎么好。痢疾、霍乱、伤寒、白喉等疾病时常爆发，一经传染，就无法治愈，这些传染病夺走了很多人生命，这自然地引起了很多有识之士的不安。

当时在圣彼得堡，并没有专门的医疗机构来研究这些传染病，无法对之采取根本性的措施。万一要是有人被狂犬咬伤，就得千里迢迢去巴黎找巴士德的疫苗接种站。奥登堡斯基亲王是一个军官，他目睹这些疾病不仅给市民也给军人带来了极大的危害。亲王和巴士德认识，还经常到他的实验室参观。

奥登堡斯基借用了他们之间的交情，在圣彼得堡率先组织了疫苗接种站，为了提取疫苗，他从巴士德实验室运来两只已经接种了狂犬病病毒的兔子。一经发现狂犬病患者，就让医生们给病人接种疫苗。

奥登堡斯基决定将研究范围扩大。他请求沙皇允许他在特罗伊茨护士协会下面创办一所类似巴黎巴士德研究院那样的医学科学院。而且他自告奋勇提出："我一定要创造和提供最好的环境和设备给这些即将筹办起来的医学实验室，使他们可以在完全符合最新科学成就的要求下进行医学实验研究。"他说到做到，他把自己在阿普捷卡尔岛上的一座别墅拨给了未来的研究院，同时还买下了旁边一座属于一位圣彼得堡银行家的别墅，和研究院的房屋连成一片。巴甫洛夫就是应邀前来这个生理学实验室工作的。

1890年12月的一天，奥登堡斯基邀请巴甫洛夫，说有"对祖国至关重要的事相商"。

"你现在所在的大楼，"奥登堡斯基对他说，"就是未来的实验医学研究所。你自己也明白，光有一些墙壁是不够的。我请梅奇尼科夫担任所长，很遗憾他由于工作忙没有同意。为此我邀请了生理学家兼毒物学家安列普，细菌学家阿法纳西耶夫，化学家佩尔和皮肤科医师施佩尔克，由这些人成立一个委员会。我诚恳地邀请你，巴甫洛夫，你以一个生理学家和药理学家的身份来加入我们的委员会吧。你也知道，俄罗斯的城市，包括圣彼得堡在内的医疗水平是多么低。伤寒、痢疾、霍乱及其他各种流行病不仅在工人区蔓延，而且更为严重的是，它们也会削弱军队的战斗力。我作为一个近卫军司令，感到事情特别严重，我知道这件事的重要性。所以我想这个研究所的基本任务就是研究细菌学和传染病方面的各种问题。"

"你说的没错，我也完全同意你的设想，"巴甫洛夫说，"但是据我所了解，你希望成立一个世界第一流的研究所，因此，你的研究所一定不能只限于研究，它还有一个主要的作用应该是进行实验。"

"对此我决不否认。除此之外，我建议生理学部也归你管。要是你愿意，咱们现在就去你的实验室看看。"奥登堡斯基提议要巴甫洛夫去看看他的实验室，这已经说明，他就是实验室的主人了，这让巴甫洛夫非常高兴，在奥登堡斯基的带领下，巴甫洛夫决定参观一下自己的办公室。

整座大楼整洁明亮，里面有手术室、饲养实验用狗的专用建筑，还有做动物实验的房间，所有设施一应俱全。

"好极了！"巴甫洛夫由衷地赞叹，"我还从来没有过这样好的条件哩。"

但是，跟往常一样，他的理智马上就战胜了感情。"现在不要做广泛实验。我请求你扩大实验室，因为这还不够。生理学这一门学科有伟大的前途，必须扎扎实实地研究神经活动，才能帮助人类摆脱许多迄今为止的不治之症。"

"如果你同意加入组织委员会，并负责领导生理学部，那么，我这方面一定会对你的方案予以慎重考虑的。"他们分手时，彼此都很满意。

"方案，是的，方案。"巴甫洛夫在回医学院的路上，脑子里一直盘旋着这个字眼。实验科学研究所创办得多么及时！应当感谢奥登堡斯基。但是何时才能从部里得到足够的津贴呢？这个任务还真是足够艰巨呀。科学的空白无穷无尽。我们要面临的工作又是多么的复杂，多么的宏伟啊！

药理学教研室位于军医学院自然历史研究所大楼里。大楼的位置非常好，位于涅瓦滨河街的拐角。教研室一共占了四个房间，这其中最敞亮的一间是用来做精密实验的。这个房间通过一条狭窄的过道与其他三个各有一间窗户的房间相连。另外三个房间分别是手术室、办公室和储藏室。这个储藏室也可以用来护理手术后的狗。

实验室里有条狭窄的楼梯，一直通向地下室，地下室里有几间屋子，较明亮的房间可以用来饲养家兔，较暗的房间可用来饲养狗。其中有一间给工友住。实验的条件只比博特金实验室的稍微好一点，有些设备不齐全，但无论如何，这是属于自己的实验室，现在他所做的一切都是为自己而做。

巴甫洛夫每天在手术室里忙碌，他在实验室里度过许多小时，观察插上瘘管的狗的情况。不久以前还是一片寂静的实验室，现在从清晨到深夜，都有实验在进行，每到晚上便有灯光射出来，有时灯光彻夜亮着，有人在里面工作。

巴甫洛夫对学院学生的药理学课程作了改变。原先那些描述药物各自特征的无数细节被略去，而新增添了药物的生理学特性分类，这使得选修药理学课程的医生必须了解大量系统化知识。巴甫洛夫每天忙得团团转，他不仅要关心学院的工作，同时还要领导实验医学研究所。

过了不久，就可以听到从实验室的生理学部传来一阵阵的狗叫声，在那里的每个房间里都用木栏圈着一些不同毛色的狗。和往常一样，巴甫洛夫满意地、一个房间一个房间地观察着研究工作的进展情况。实验室新添了许多助手，这些没有经验的新手，会越来越频繁地向他求教，这样等他们出去的时候能更方便地获得博士学位，最后成为大学者、科学院院士。他们之中有一部分会离开，可也有一部分人会留下来，终生和他一起工作。

巴甫洛夫的认真常常会感染他的助手们，他说："消化道就好像是一个复杂的化学工厂，进到里面的原材料通过长长的一系列的加工部门，进行机械的，更重要的是化学的加工，然后，从无数的旁门进入身体的各个商店。作为先行者，我们对于这个过程的认识不会有谁来帮助，也没有谁来指点，一切全得靠自己。"接着他转向他的助手希仁，说："把动物准备好。"

在实验医学研究所门口，巴甫洛夫的身边站着一个新来的年轻助手阿诺欣。几天来，他对实验室已逐渐熟悉，巴甫洛夫全部的研究成果也已拜读过。现在正等待着巴甫洛夫开口，同意他加入到实验室的研究队伍中来。巴甫洛夫有卓越的教学才能，其中之一的表现就是所有刚来他实验室的年轻助手都必须通过一段时期的"观察"阶段。

这可以使他能在有志于做这种工作的人中进行自然淘汰，同时也减少他们自己在选择生活道路方面的错误。

"看好了吗？"巴甫洛夫专注地看着阿诺欣的眼睛问道。

"是的。"他的目光诚恳而且坚定。

"那么，我们可以干活了。你准备好了狗吗？"

"我想可以开始实验了，狗的情况很稳定。"

"好极了！"

令他欣喜的事情有很多，不仅仅因为阿诺欣一切准备就绪，还因为这里有更多有趣的工作可以做。在活体上进行实验，可以发现许多以前未曾发现的新玩意，工作也就更加繁琐，需要再增加上百个助手。唉，即使如此，实验医学研究所的生理学部还是远远不够用，不过就算是这样也没有关系。奥登堡斯基曾经答应过扩大实验室的，一定能办到的。

# 6. 巴甫洛夫"小胃"

巴甫洛夫把大部分时间都花在自己心爱的实验上，他只要一进实验室就会精舍抖擞，心情愉快，充满了干劲。在短短的时间里，巴甫洛夫亲自重新研究了整个消化系统：胃、肠、唾液腺、胰腺、肝脏。做了这样大规模的研究工作后，才找出了各种器官和整个消化系统的规律性。

巴甫洛夫的实验显示的主要结论是：神经系统管辖了所有的一切，这个神经系统不仅指挥基本小食堂——胃的工作，而且也指挥调配各种"作料"的工作。正是这些藏在胃壁内或胃内的各种小腺体，导致了食物在胃里的消化。

但是，有很多公认的权威科学家不同意这一观点，认为没有神经也一切正常，神经与食物的消化无关，一切全是化学的作用。曾经因为巴甫洛夫的假饲实验方法而不得不暂时收敛了一段时间锋芒的海登海因教授，现在又想为自己开脱了，他成为了巴甫洛夫神经学研究的主要论敌。

巴甫洛夫的论敌们说："假饲毕竟只是假饲，不等同于真饲，真饲取得同样的结果才能证明结论正确。"

海登海因教授也没闲着，他也在紧张地实验，在狗胃内划出一个隔离的"小口袋"，完全与主胃分离，可以说是一个小胃。狗吃进的食物并不进入小口袋，但小口袋发生的消化过程和大胃无异。海登海因说："人工隔离出来的小胃就像一面镜子，能很好反映胃的一切活动。"

巴甫洛夫在自己的实验室里仔细重复了海登海因的实验。他查明，从小胃分泌出来的胃液与主胃正在消化时取出的胃液成分还是不同。巴甫洛夫明白，分隔胃时切断了神经联系。这样，现在小胃已完全孤立——神经系统的任何命令都传达不到它那里。

因此，小胃分泌的胃液不是大胃里消化食物所需要的那种胃液，而是来什么分泌什么。巴甫洛夫反唇相讥："镜子嘛，有时是哈哈镜。"他坚信自己取得的成果不容置辩，是正确的，巴甫洛夫决心用自己的方法证明给海登海因看。

巴甫洛夫在很长一段时间一无所获，开辟小胃时，必须使神经联系得到保留。这项工作延续了将近半年，他给大约三十条狗动了手术，就连巴甫洛夫一些最亲密的同事也开始对能否有结果动摇。只有巴甫洛夫自己和那位与他一起直接进行动物实验的助手希仁依然坚持原先的观点。

终于有一天，手术成功了，差不多被迫割了二百个切口，得到了用巴甫洛夫方法开出来的小胃。现在，从大胃出来的和从人工开出来的小胃出来的胃液是一样的。"镜子"果然反映出真实的情景：一旦切断神经，那两个胃就分泌不出什么胃液来了。

那条叫德鲁若克的狗名扬世界，成为巴甫洛夫正确思想的明证。而它的主人一点也没感到骄傲自负，仍然继续自己的实验。他对那些劝他停止实验的同行们嘟哝道："只会和死尸打交道，是产生不了活思想的。"

# 7. 诺贝尔奖金

1901年春天，两个诺贝尔奖金委员会的成员——蒂格什泰得和约翰松到巴甫洛夫的实验医学研究所了解消化生理学方面的著作。

此时出现了一种传闻，说巴甫洛夫将被授予诺贝尔奖学金。这传闻传出没多久，巴甫洛夫就当选为俄罗斯科学院的通讯科的院士。在此之前，俄国有一种先例，那就是本国的学者总是在得到西方的承认之后才能得到本国的承认，巴甫洛夫碰到的已经不是第一次了。而这次，蒂格什泰得急急忙忙通知巴甫洛夫的确是关于授予他诺贝尔奖金的事，之后他们便匆匆离开了。

寄给巴甫洛夫的邮件，有一部分寄到学院和研究所，还有一部分直接寄到了家里。

一天晚上，巴甫洛夫一家刚吃完饭，谢拉菲玛正在准备摆桌子喝茶，沃洛佳在专心地朗读着杰克·伦敦的著作，这时邮差送来了几封信。跟往常的生活习惯一样，巴甫洛夫先把信放在一边，坐到桌子前面慢慢地喝茶。一切都跟平常没什么两样，桌子上放着糖和面包，罐子里面还有每次必不可少的已经煮开了的牛奶。巴甫洛夫不紧不慢地喝完茶后开始拆信件，其中有一封由著名的学者罗伯特·蒂格什泰得教授从赫尔辛基寄来的信件。

"说实在的，这事太突然了，连我都有些吃惊。"巴甫洛夫一面拆信一面说。

"我怎么也想不到，会得到这样高的评价，要知道我的那本《论消化腺的活动》的书并不怎么受欢迎。"

"我不同意这种话。"谢拉菲玛为那本书热烈辩护。"蒂格什泰得和约翰松认识到你的发现是多么的伟大，要不是这样，他们才不会到你的实验室来。三十二个团体、大学和科学院不会无缘无故地选你为名誉会员。显而易见，你是天才！"谢拉菲玛钟情地望着丈夫，她心中高兴极了，为他感到骄傲。

巴甫洛夫激动地拥抱着谢拉菲玛，虽然他的胡子和头发都已灰白，但是那双眼睛依旧十分清澈明亮，闪着年轻人的神采。

"瞧，你自作主张把我当成了偶像，自己穷开心。这就成天才了！我的著作没有什么了不起的，它就是从实际出发，然后沿着思维逻辑的轨道前行，毋庸置疑，结果必定是这样的。"

"我不准备花时间和你辩论了，我还有其他重要的事：你需要一套燕尾服，而我早就希望能有两件替换的连衣裙和一件考究的皮大衣啦。亲爱的，我们这样才不会使伟大的俄国学者和他的夫人在斯德哥尔摩丢面子呀。就这么办吧，伊凡！"

1904年10月份，巴甫洛夫接到了授予他诺贝尔奖金的正式通知。蒂格什泰得教授邀请巴甫洛夫夫妇授奖前在赫尔辛基他家里玩一个星期。对于巴甫洛夫夫妇来说，这一周简直是活在另一个世界，完全是在一种他们所不熟悉的上层社会的节奏中度过的。

他们都没有闲着的时候，从早到晚，一直忙于应酬。宴请他们的人没间断过。谢拉菲玛在《回忆录》中这样写道："我可以肯定，这些人非常热情，他们就像我们的亲人一样，真诚地分享我们的快乐。"

这一期间，他们还认识了许多新朋友，并礼尚往来拜访了这些新朋友。荷兰国王也莅临了诺贝尔授奖仪式。他分别用每一个获奖者的本国语言向获奖者致词。国王学会了一句俄语："Как ваше здоровье, ИванПетрович? （您身体好吗，伊凡·彼得罗维奇？）"并在授予巴甫洛夫奖状、奖金证书和金质诺贝尔奖章的时候用上了这句话。

他目不转睛地望着巴甫洛夫，眼神里还隐隐透着一丝戒备。后来阿尔弗雷德·诺贝尔的侄子埃·勒·诺贝尔告诉巴甫洛夫说，国王对他说过："我怕你们的那个巴甫洛夫。他没有戴任何勋章，他一定是个社会主义者！"以下是巴甫洛夫接受诺贝尔奖金的时候发表的讲话：

"我深信，如果生理学能朝着我设想的方向发展，一定可以卓有成效地向前迈进。说实话，我一直对我们的心理状态感兴趣。从古至今，心理的机制一直笼罩在一片黑暗之中。

"人类的一切能力：艺术、宗教、文学、哲学和历史——联合起来，要用光明代替黑暗。但是此外，人类手里还掌握着一个强有力的手段——自然科学，它有着严格而客观的方法。我们知道，自然科学每日每时都在以巨人的步伐前进。我报告结尾时援引的事实和设想就是利用纯自然科学的思维方法研究狗的高级生命现象的机制的众多尝试之一，狗是人类如此亲近、对人类如此友好的动物世界的代表。"为了庆祝这个意义重大的日子，大会举行了隆重的午宴。

诺贝尔奖金的总数为二十万克朗，换算成俄国钱大约是七万五千卢布，这的确是一笔大数目。巴甫洛夫对这笔钱的分配方法还是和以前一样，平分给家庭的每个成员，分配完了也就安心了。

巴甫洛夫的家庭历史中还有这样一个插曲。捷尔斯基——巴甫洛夫学生时代的朋友，梁赞的同乡，担任交通部部长办公室副主任的高级职务——向谢拉菲玛提出他对这笔钱的建议。

"他（捷尔斯基）总是事先就知悉，交易所中什么股票会涨，什么股票要跌"，在《回忆录》中谢拉菲玛写道："这使他聚集了大批资财。他告诉我，他已经用这种方式帮助了他的两个朋友。绕了半天圈子，转入了关于我们的钱的话题：巴甫洛夫的奖金你也有份，你取出五千（卢布）交给我一星期，到时我还给你的就不是五千，而是三万。如果这三万你不取走，继续放一个月，到时我给你的就不是三万，而是整整十万。到那时，您就独立富有了。"

"虽然他的建议是出于友好的目的，但我还是这样拒绝了他：谢谢您的好意，我讨厌所有的股票交易。但是钱是巴甫洛夫挣的，没有他的同意我不能随意支配这笔钱。这样他灰溜溜地走了。后来，我把这件事告诉了巴甫洛夫，他说：这些钱是我用不懈的科研工作挣来的，科学过去不会，现在不会，将来也永远不会与交易所有任何共同之处。巴甫洛夫对他朋友的坚持劝说大为气愤，狠狠骂了他一顿之后，这个建议就这样破产了。"

第四章　神圣的使命

　　无论在什么时候，永远不要以为自己已经知道了一切。不管人们把你们评价得多么高，你们永远要有勇气对自己说：我是个毫无所知的人。

——巴甫洛夫

# 1. 搬迁新寓所

　　自从他们搬到新的住所后，新的生活乐章就奏响了。这也刺激了巴甫洛夫的激情，新奇的想法和念头不时闪现，实验室里创新不断，家里则是一篇生活琐事的散文。

　　取暖用的木头已整整齐齐地码放在墙角。先是雇人把柴锯好，再自己把它劈开。劈开的木头都是巴甫洛夫自己码的。把几捆柴抱进房间里面算不上什么繁重的体力劳动，这些简单的体力活让巴甫洛夫心情愉快，他把生炉子当成了一种乐趣。巴甫洛夫放劈柴很有一套，把劈柴放进去后，"噗"的一声火就点燃了，耀眼的火苗欢快地跳跃。熊熊火焰燃起，在炉子里久久地燃烧，灼烤着白色的瓷砖。

　　除了这些，还有一件事让他高兴。在薇拉出生之后，夏天他们不必再去亲戚家了。因为他们买了一所私人的别墅，就在纳尔瓦彼岸的西拉米亚吉地区。紧挨着贡格尔堡疗养区，那里气候温和宜人。这个别墅显得有些荒芜，巴甫洛夫决定亲自动手整理整理。巴甫洛夫经常说，自己是一个天生的农民。说动手就动手，巴甫洛夫一个人也没雇，自己撸起袖子，像父亲彼得收拾果园一样，兴致盎然地忙碌起来。

　　还在早春，巴甫洛夫就把花籽播种在花盆里了，他觉得城里的家更需要植物的点缀。他还亲自施肥培土，他家窗台上几乎摆满了盆盆罐罐，里面全都是各式各样的花的种子。天刚刚变暖，他就将这些盆子一股脑全带到了别墅，然后将它们种在花园里。巴甫洛夫忘情地劳动着，带着一身的疲劳不堪回来了。但到了星期天，他又带一批幼苗来到别墅，直到干得筋疲力尽，可见花园里将是怎样的一派美景啊！

美好的夏日来临，孩子们也开始度假了。巴甫洛夫整整三个月停止了他在实验室的工作来到西拉米亚吉。

居住在别墅期间，他制订了一个严格的时间表。

清晨，当一家人还在酣睡的时候，厨娘玛丽尤什卡开始起床，此时的巴甫洛夫已经忙碌了两个小时：浇花、把小道上的旧沙子换成新从海边运来的闪闪发光的沙子。把沙子运上高坡是一件相当不易的事情，巴甫洛夫干得大汗淋漓。他一天要换两次衬衫，每到夏天，谢拉菲玛就要给他准备好几打衬衫。干活就得出出汗，不然还算得上什么体力劳动呢？

巴甫洛夫喜欢体力劳动。在别人看来，那些无比辛苦的挖垄啦、浇花啊、把沙子往路上铺啊等等累人的事，他干得非常细致，也非常投入，那股专注劲很少能有人与之相比。

干完活后，巴甫洛夫便和全家人一起喝早茶。巴甫洛夫很爱喝茶，每次都喝六七杯，有时还喝到十杯。然后就在小径上散步，一边休息，一边兴高采烈地欣赏自己的花草。他爱欣赏花可从不摘花，更不喜欢别人采花。一旦看到有人采花，他会说："别再折腾，这已经是垂死的大自然了。"

巴甫洛夫喜欢玩打棒游戏，在白天他会玩得入迷。他为什么会对这种游戏如此着迷呢？恐怕是从教父特罗依茨基修道院院长把小巴甫洛夫带到自己那里去治病的那遥远的年代开始的吧！在那里，巴甫洛夫第一次看到那些修道士们玩这种新奇的游戏。

每天一到11点，他们就会聚集在一起做游戏。巴甫洛夫生活态度十分认真，即使只是做游戏，他也不能够忍受别人迟到。大家都知道他对破坏纪律有一种水火不容的态度，因此也就竭力按他说的去做，这使他觉得高兴。巴甫洛夫卷起袖子，挑选一根木棍，抖抖，调皮地盯着他的对手。

游戏的对手都是邻居们，他们是工艺学院的教授焦尔诺夫，还有画家贝戈尔茨。因为焦尔诺夫是一位积极的立宪民主党人，所以他跟巴甫洛夫之间经常会进行激烈的争论。老玛丽尤什卡一看到这情况，便会急忙去告诉谢拉菲玛，远远就喊叫着："他们在吵架呢，就要动棍子了，你快去吧，别让他们吵了。"

谢拉菲玛哈哈大笑，把玛丽尤什卡的话说给他们听。巴甫洛夫也笑了，说："也许真该抢起棍子把他那个犯晕的脑袋打的清醒一些，可是我舍不得。"过了不久，画家杜博夫斯科伊也参加了他们的游戏，巴甫洛夫的藏画中有他的作品。

"杜博夫斯科伊纯洁、崇高、坦率。在日常的生活中他也不能容忍一丝一毫的妥协。他穷其一生追求真理，耿直公正的个性使他和巴甫洛夫成了关系最亲密的朋友。"谢拉菲玛回忆的时候说。

当杜博夫斯科伊也加入了他们的游戏后，所有的人就分成了两组。这样一来，玩起来更是有趣了。他们一边嚷着，一边笑着，谈笑风生，一直玩到12点半才去游泳。巴甫洛夫不管什么天气都去游泳，下雨也好，寒风凛冽也好，他都不放在眼里。游完泳，就和家人坐在一起吃午饭，吃完午饭就躺在凉台长软椅上，静静地读些诗和哲学著作。

巴甫洛夫对关于生理学方面的书籍只字不提，他的消夏别墅里也找不到一本关于自然科学方面的书籍。

下午四点的时候，全家人又一起聚在餐厅里，喝咖啡，吃玛丽尤什卡精心烤制的奶渣饼。然后他们开始骑自行车，巴甫洛夫一会儿走在所有人的前面，一会儿又停下来给掉队的人加油，不知不觉中路程变得越来越远。巴甫洛夫投入这项运动，仿佛有永不枯竭的精力。

秋天的时候，漫山遍野的野果都成熟了，他们便一起出去采摘野果。等到雨后长出蘑菇的时候，大家又一起去采蘑菇。巴甫洛夫采起蘑菇来比谁都快。巴甫洛夫在西拉米亚吉住了三个月后便开始思念起他的实验室了，耐不住那股想念，他迫不及待地返回了实验室。


# 2. 转向心理学研究


在所有人看来，巴甫洛夫已经登上了科学的顶峰，无量前程伸手可得。可是出人意料，他在此时来了个急转弯：由消化系统转向心理学研究。这无异于从零开始。大多数生理学家们觉得这不是属于他们的研究领域，他们搞的是知觉、意识，而心理学不是他们的看家本领。再说，他已年逾半百，此时开始新的项目，显得有些太晚了。

他不再让助手们谈论消化系统，很多人心存疑虑，他总是斩钉截铁地说："这方面的工作够咱们干一百年了，消化系统的事情到此结束，我需要专心致力于另一个新领域。"

很多同事对他的做法公开地表示不满，有些人甚至离开了实验室，朋友们希望他能明白过来。家里人对于他突然要闯入狗的灵魂，感到莫名其妙。

但是，巴甫洛夫打定主意从事心理现象的研究已经不是一天两天的事了。他很多时候都在观察实验用狗，当人们向狗的嘴边放食物时，狗就开始自然地分泌唾液出来消化食物。

如果助手们在门后面敲碗，狗也会流口水出来——这个现象是因为狗能够想象到食物的画面从而分泌口水的吗？这到底是什么原因导致的呢？又比如说，当狗刚看到饲养槽里放着的肉，还没有吃肉，唾液就开始分泌出来了，到底是什么原因呢？

巴甫洛夫把这种唾液分泌称为"生理上的唾液分泌"，这种唾液分泌严重干扰了他对纯粹消化生理学的研究，让事情变得更加复杂化了。

现在，巴甫洛夫把注意力全部集中到这上面来，为什么狗的胃在远处就可以知道槽内的食物香不香,需要准备多少唾液？这种现象到底是怎么发生的？

很显然这一次，食物不是作用于口，而是作用于眼睛、耳朵、鼻子。那么让人疑惑的是唾液是从哪里来的呢？巴甫洛夫说："唾液腺与食物的声音、光线、味道的特征毫无联系。"喉咙发干，嘴巴发苦，有酸味，它们都是直接作用于舌头，这就是唾液中心在脑中的激发源。

众所周知，光线和声音这些刺激会完全通向大脑的其他部分，也就是视觉和听觉。为了让光线和声音完成额外的工作——分泌唾液，要怎么做呢？其实没那么难，只要做到一点：听觉和视觉能够和吃到嘴里的食物一起来刺激唾液中心就可以了。我们可以这样想象，在动物的大脑中都有一条从视觉或听觉中心通往唾液中心的锁链。当每一次喂食的时候开始摇铃，或者喂食前亮起灯光，这种锁链就会随着实验的具体情况变化而起作用。

普通的反射是，机体在外界的刺激下做出反应，这种反射和普通的反射非常相似，只是不像做食物直接实验时的反射那样单纯。因为每次都随着不同的条件而变得更加活跃。

巴甫洛夫教授就把他新发现的这种与普通反射不同的反射叫做"谢切诺夫反射"或条件反射。

反射这个从上宗教中学时期就迷住了巴甫洛夫的名词，突然之间就这样闪闪发光了。上宗教中学时，"反射"这个词第一次向他证明，精神世界隶属于科学研究，而不隶属于"神的天意"。

当巴甫洛夫在心理学方面迈出新的一步，开始思考在心理作用下分泌唾液的问题时，他研究纯生理学问题期间曾经被一度搁置的谢切诺夫反射又重放异彩了。用鲍特金的话来说：《神经学》贯串着巴甫洛夫的全部工作。

伊凡·米哈伊洛维奇·谢切诺夫只是创立了反射理论。神经系统的工作应该建立在这样的原理上：信号——回答，外部刺激——它在机体内的反应。用巴甫洛夫的话来说，这是"思想萌芽"，是天才的，但却是一种假想，它需要经过论证和检验。巴甫洛夫干的正是这个。

他的条件反射，正如某一位生理学家所说的那样，是"从外面看到的智能"。其实在我们内心的是思想、感觉还有愿望。而这些都是肉眼看不见的东西，只有通过某些特定的实验才能体现出来。条件反射就是这样一个可以窥探人内心世界的窗口。通过条件反射，我们现在像研究我们人体的任何一种器官一样研究脑——变化无常的灵魂的所在。

众所周知，巴甫洛夫是消化生理学的缔造者。他不仅仅思考各个器官的工作，而且是整个神经系统的工作。在他获得诺贝尔奖金的前一年，国际生理学会议在马德里举行，巴甫洛夫参加了此次会议，巴甫洛夫第一次提到了"条件反射"这个名词，后来这个词成了巴甫洛夫的代名词。他谈了新的命题，谈了研究脑的新方法，但是他的同行们对接受这些新事物还没有做好准备。

因为学者们根本听不懂巴甫洛夫说了什么，他们没有任何概念，他们的脑中充满着巴甫洛夫关于消化的那些概念，并且准备在这方面的研究工作上给他应有的奖赏。

巴甫洛夫在接受最高奖赏的致答词中又提到了人的精神状态对生活的影响："实质上，在生活中，我们很关心我们的精神状态，并对其很感兴趣。但是，我们对其知之甚少，对我们来说，它就是一个谜，人类将艺术、宗教、文学、哲学、历史科学融为一体，给这一片黑暗的领域带来光明。但是人还可以采用严格的客观的自然科学支配另一种强有力的手段。"

巴甫洛夫终于找到了这种方法，他满意地大踏步向前迈进。在马德里的演说只有四十分钟，但是巴甫洛夫却花去了三十多年的时间去开展对这一报告提纲的研究，同时为了证明其正确性，提出理论根据。

1903年，巴甫洛夫在马德里国际会议的讲坛上首次宣布他发现了条件反射，可是就在报纸传闻将要授予他诺贝尔奖金时，却受到了反动报纸《新时代》的大肆诽谤。


# 3. 狗的"纪念碑"


该报一期接一期连篇累牍地刊登一些攻击巴甫洛夫虐待狗的短文，巴甫洛夫对这些"犬吠"是不屑一顾的。

但是，在报纸文章上批一批还不够。一位女皇的宫中女官——男爵夫人梅茵道尔芙直接闯入实验室里来找他。作为俄国保护动物协会主席，似乎她想亲自探访一下实验用狗的豢养环境，以证明狗在这里不受折磨。

这位宫廷女官穿着时髦，头戴一顶怪异的帽子，样子很像鸟窝，对于她的到来，科学家们很是反感，谁也不愿放下工作来见她。

巴甫洛夫穿着斜领上衣，系着皮带，不时用手提提显然过于肥大的裤子，而不是根据他的职位穿着将军服。男爵夫人疑惑地望着眼前这位声名远扬的生理学家，她一动不动地观察他。她发现，巴甫洛夫的语速很快，但表达并不是很集中，有点断断续续的，说话中还夹杂着一些粗俗的俚语，还有重复问话时总是爱挥一下手，手掌放在耳朵边上。总的说来，他没有任何威风可言。

当谈到狗时，他总是说"肚子"，而不说腹部。如果助手动作迟缓，他就说："快点打开节拍器，还等个什么劲儿呢。"

而所有的这一切都发生在威严不可亵渎的帝国医学院里！男爵夫人觉得她的体面受到践踏，她认为巴甫洛夫是故意给她难堪，所以才有意急慢她。

但她哪里会知道，巴甫洛夫教授经常把将军服挂在办公室的柜子里，他无视最严格的命令，坚决拒绝穿军服，只有外出讲课时才拿出来。教授要么穿着男爵夫人碰到他时穿的那件斜领衬衣，要么就是带着领结的普通衬衣，外面穿着西服上衣。

不过人们经常看到他的打扮是，不穿西服，挽起袖子，裸露一双青筋暴起的强壮的手。

他大部分时间在实验室里，偶尔在院子里和同事们一起玩击木游戏。一般说来，只有梁赞来的那些扛大活的才玩这个。

这些行为在那位体面讲究的男爵夫人看来，简直是太失体统了。一个教授，一个医学院的教授怎么可以如此不修边幅呢？这还怎么了得？难道说这样的大学者还能骑自行车去上班？而巴甫洛夫却认定这种交通工具比其他什么都好。

巴甫洛夫骑着车走东串西，他戴上自己的彩色鸭舌帽，全不管别人怎么看。他从来都是不拘小节，为了讲话更方便，讲话时也不挑字眼。他不喜欢别人称他"阁下"，一旦有人这样称呼他，他会立即更正，让别人称呼自己的名字，或称他教授。至于那个什么"阁下"是狗的绰号。一提到狗，他的话就多了。

如果发现什么新事物，他便说，这是托小狗的福。如果事情进展受阻，他又沉思地说，恐怕又得从小狗身上打主意了。

不论对什么人，他都能对用狗实验的情况津津乐道，甚至不厌其烦、如数家珍地向男爵夫人介绍他自己的科研项目,哪怕明知道这是对牛弹琴。男爵夫人一直点头,尽管她听不懂那些专业名词,她只是一边听,一边盯着"那些可爱的小狗"。它们那么可怜,都裹着绷带,这些可怜的小家伙是怎么啦?要怎么样对待它们呢?总是用刀子割它们?甚至还专门给狗预备手术室,多么可怕呀!这些人当真在搞活体解剖……这位俄国的保护动物协会主席怀着一颗忐忑的心离开了。

不久,她给军事大臣写了一封信,控诉动物实验。她说:"无论往昔或今后,动物实验都与科学及生产毫无裨益,并且还有害处。换句话说,只是白白地使动物遭受了巨大的痛苦。既然这样,一定要将动物实验限制到最小范围。并且动物保护协会应该严格监管对于动物的处置方法。"

收到这封信以后,军事大臣毫不犹豫地作了这样的指示:"我建议军医学院对这个问题作出一个学术结论。"

包括巴甫洛夫教授本人在内的医学院学术会议被迫指定有权威的委员会。可恶的男爵夫人,她借着假惺惺的慈悲来恶语中伤科学家,这种做法让巴甫洛夫感到科学家的尊严受到了侮辱,巴甫洛夫感到一股无名之火直窜,无法忍受这种中伤。

报告中说:"没有道德良知的人才能够穿着动物皮毛做的衣服,一日三餐以各种动物鸟禽为食,到处打猎骑着的都是阉割过的马……总而言之,为了满足一己私欲而给成千上万的动物带来数不清的痛苦和死亡。现在却责备科学家为了实验给动物带来的痛苦。"

"事实不是这样的,大人们!要表达你们对动物们的爱护之情,还是去别的地方吧!因为,人类迫切渴望认识生命,更希望减轻病人的苦痛,这一点任何禁令都无法阻止。"

在经过医学院学术委员会批准的报告后面,巴甫洛夫又附上自己的特别意见,这才觉得满意。

在必要时，巴甫洛夫不用费很多口舌就能叫别人同意他的意见，医学院通过新的半军事化章程，他发言反对，很快就说服了一大批人。因为这一章程规定，学生和士官生几乎是等同的，这样一来，学生们的权利将会受到更加严格的限制。对教授们进行任命，而不是选举，在巴甫洛夫看来，这都是荒谬的。

在医学院的全体教师中，只有巴甫洛夫一个人参加了俄罗斯高等教育界的进步活动，并且在警察对高等学校的监视一日不停止、科学家就拒绝讲课的抗议书上签了名。

作为对他的回敬，医学院领导费尽心机破坏巴甫洛夫教授的生活。要么不给他分配公家住房，要么不批准他的学生们写的论文，但这些都未使巴甫洛夫感到心灰意冷。即使到了这种地步，他还是该说什么就说什么："我做的动物实验可能会使动物致死，对于这一点我也深表遗憾，因为让一个活蹦乱跳的生命死去，而我们好像就是残杀这些动物的刽子手。我以残忍粗暴的手段破坏了原本健康的机体，在对它们挥动着手术刀的时候，我同时也会听到自己受到了严厉的谴责。但是这一切都是有理由的，我这样做，并且能够全面忍受这一切，是为了追求有利于人类的真理。"

"他们提出要把我和我的活物实验置于某些人的经常监督之下，但是却对那些真正虐待动物，并以此为乐的事情却置若罔闻。于是，我实在不能坐视不理，我认为这不是对动物的爱和受苦受难的动物的怜悯之心。这样是无知地反对科学，披着假慈悲外衣的伪善者们，对科学和光明的仇视和阻挠。"

读完这些话之后，曾经和巴甫洛夫共事多年的老同事玛丽娅·卡皮托诺夫娜·彼得罗娃说道："在我的印象中，他是个与众不同的高尚的人，总之，能说出这些话的人必然具有很强的自尊心和高尚的情操！"玛丽娅·卡皮托诺夫娜保存着一本特殊的纪念册，其中收入了巴甫洛夫写给实验用狗的信，对它们又鼓励，又夸奖，又感激。

他在信中写道："约翰！不要觉得不好意思。亲爱的！今后你还要像以前那样努力。过去的事情我们感激你。伊凡·巴甫洛夫"又如："你这没用的瞌睡虫，有功劳吗？——今后要加倍努力啊！"有时更简短："马姆普斯，我们盼望着你！"手术成功时，他常夸奖狗。他对同事们的表扬也常以这种形式表示："你的狗今天干得不错。"和实验室的动物打交道给他带来了很大的乐趣。一般说来，在实验室用的那些动物中间，虽然他从来不会画狗，甚至连狗的轮廓也不会描，却最爱狗。使用青蛙做实验时，他常会说话走嘴，把青蛙也叫成"狗"。

为了向这些忠实的"朋友"、工作中的"助手"和享有充分权利的"战友"致敬，巴甫洛夫提议，在研究院的楼前建立狗的纪念碑。还亲手为狗撰写了题词："狗——它从史前时代起就成为人类的助手和朋友，为科学作出牺牲。但是我们的尊严责成我们这样做时，一定并且永远要减少不必要的痛苦。"并刻在一幅半身浮雕下面。

在巴甫洛夫创立的研究院所在的科学城里，人们给院士巴甫洛夫本人立了纪念碑。在这里他和狗依然形影不离，将伟大的科学家和忠实的为他的事业服务的狗的形象刻在了纪念碑上。

# 4. 揭穿骗局

与此同时，人们对一些用科学知识无法解释的神秘现象——传心术、催眠术的兴趣越发浓厚。一些广告在光天化日之下招募愿意参与这类神秘奇迹的人们参加愚昧的招魂会："传递思想、返老还童、活人变狗。"等等，更有甚者，向人们宣传："印度瑜伽教徒显法力，如愿以偿。酒变水，水变酒。"在圣彼得堡，刮起了一股招魂术的风气，该风气在圣彼得堡风靡一时，许多人的视线被招魂术所吸引，奥登堡斯基亲王也不免随波逐流。

似乎为了显示自己渊博的学识，奥登堡斯基亲王做出决定，把巴甫洛夫邀请到他的官邸参加一次招魂会。届时，巴甫洛夫将作为研究灵魂和神经系统问题的专家到场。奥登堡斯基亲王来到巴甫洛夫的研究院，想说服平常交好的科学家随他去一趟。他对巴甫洛夫信誓旦旦，说只要他亲眼看到这位巫术非凡的招魂术者，他对于思维意识的一切疑虑就会烟消云散。巴甫洛夫再三推辞，因为他觉得这一切全都是招摇撞骗，但最后还是做出了一些让步，毕竟对方是研究院的监护人，于是他穿着工作服来到了亲王的官邸。

这之后，奥登堡斯基的这种意图流露的更加明显，而且有增无减，尽管他再也不会叫巴甫洛夫去他的宫殿里参加那种招魂会了。很多人都是专注于研究人类心理的各种神秘的现象，研究周围事物和人的不可预知的特性，对现实世界却分外疏忽。他们致力于重新研究各种生物都有的一种神秘的生命力的问题，然而这个问题其实是伪科学，巴甫洛夫还在上大学的时候就已经被科学彻底否定了。

然而现实的国情不但不能阻止这些活动，反而促使这样的唯心主义的、伪科学的观念不断兴盛起来。当时，受到压迫的工人起来革命，却被征服残酷地镇压；参加革命和游行的人都被关进了监狱；沙皇迫切地想把这样起事的人发配到遥远的边疆去服苦役；一直活动的布尔什维克党也悄悄地转入了地下；有些作家宣扬说，人民需要一种新的宗教，天使、预言、上帝等等图画开始出现在一些喜欢装神弄鬼的画家的画上，他们甚至还作出了神对人类做最后审判的场面的画，也就是基督教圣书中所说的"世界末日"。教会也积极地配合沙皇的制度，他们使普通的劳苦大众相信，在人间受苦是应该的，只有进入天国日子才会过得舒适自在。

很让人诧异，竟然有一部分科学家也对科学失去了信心，科学被荒谬的非分之想代替。科学家使人们相信："世界上有的只是人们的感觉、印象和灵魂的'运动'，而现实世界并不存在。"这样的观点可算是一些陈词滥调了，早在距此二百年前，当时新出现的有学问的传教士们就曾宣称，他们研究的是只存在于人们意识之中的那个世界，而不是我们周围的世界。因此，当时社会上流行的所谓的招魂术早已并非什么新鲜货色了。

一些科学家，比如一些自称是研究自然科学的物理学家、化学家、数学家，这些人仍在高谈阔论。而以前，英国的教会人士，如伯克利主教也发表过类似的声明。

巴甫洛夫一贯疾恶如仇，这次他又一次意识到自己应当竭尽全力保卫科学，投入到保卫真正的、科学的自然科学中去，使之免受这些"科学家"的损害。

1909年12月，第十二届俄国自然科学家和医生代表大会在莫斯科贵族会议圆柱大厅开幕了。会上，巴甫洛夫做了题为"自然科学与脑"的报告。

他年逾花甲，头发和胡须全都变白了，银发衬托着他那玫瑰色的脸庞和天蓝色的眼睛。眼睛明亮而且炯炯有神，跟年轻时候一样，神采奕奕没有丝毫老态，当他说话说到激动处，还伴着他独有的挥拳动作。

巴甫洛夫还是一如既往地积极地、不遗余力地捍卫着科学的地位，他可完全不受那些宗教和反动势力的影响。

他的报告慷慨激昂，鼓动人心，理所当然地被大家认为是伟大的生理学家最优秀的演说之一。他的报告结束后，克里门特·阿尔卡捷维奇·季米里亚泽夫说："我很高兴，自己是一个自然科学家，我为自己所研究的科学——植物生理学——而由衷地高兴。这么多年来，我一直坚持不懈地和那些试图抛弃'陈旧的'自然科学的思维规律做斗争，这些形形色色的人当中既有老年人又有青年人，既有俄国人也有德国人。巴甫洛夫这位全世界公认的伟大生理学家，他的话语具有震撼力，对我来说，他的演说极具历史意义，而对于他们，则起了振聋发聩的作用。"

巴甫洛夫做了无数次精彩的报告，这次他自认为最为精辟，也是最具有鲜明性、具体性和高瞻远瞩性的一次。巴甫洛夫对自己的实验做了绘声绘色的说明，并在结论中插入了图片，这使听众印象深刻。听巴甫洛夫演说的人，把会议大厦挤得水泄不通。

当他突然醒悟过来，才发觉别人根本就不懂他的语言。他有些不知所措地转向翻译，骂了自己一句。然后有点懊丧地用拳头敲打一下讲台，朗声大笑，高举双手缴械投降。他的行为，赢得大厅里的一阵掌声和友善的微笑。所以，当时美国人约翰·凯洛格才说出了大家熟知的那句话："如果巴甫洛夫没有成为著名的生理学家的话，他完全可以成为一名出类拔萃的戏剧演员。"

在长达十五年的时间内，每周会连续三次举行这种讲座，巴甫洛夫教授从未迟到过，只有一次因为生病没有到场。他常说："讲课对我而言是最好的兴奋剂，这对我很有益处。"

的确，巴甫洛夫讲课绘声绘色，能把一些道理深入浅出地讲出来，形式上又不拘泥，生动活泼，容易为大家接受，所以他的讲座成了热门，很多其他年级其他班级的学生也都来听他的课。尽管在医学院，巴甫洛夫的讲座都只是选修课，但他的课堂总是座无虚席，甚至过道里都坐满了学生。

甚至在列夫·托尔斯泰逝世和安葬的日子里，医学院的学生们为了支持伟大的俄国作家关于取消死刑的要求，宣布罢课三天，全院停课。唯有巴甫洛夫的讲座课堂里照样座无虚席。其实，这一次，巴甫洛夫教授在课堂上谈的是，用刻苦学习来纪念这位著名的作家，而这正是对他在今后为人民服务上的准备。

这之后，巴甫洛夫接任了谢切诺夫这位科学界的泰斗的生理学讲座主持，还有生理学教研室的领导。就任前，他发表了就职演说。在就职演说中，他首次提出了：活的机体是风格迥异的机器，非常重要。在当时这是全新的思想。

巴甫洛夫在演讲中说:"在我们看来,在一些天才的、有才能的研究人员的影响下,一些机体似乎已变成了机器。和机器一样,他们也有像泵、管道、风道等类似机体的概念从很多物理、化学现象中得到了充实。"

这可以说是一种全新的对待机体——"生命单元"的态度,这样的态度让巴甫洛夫得出大脑居右机器性能这样的结论具有了可能性。

这一思想远远早于控制论。在议论控制论时,人们好像才突然发现,人们的脑还真有点像电子计算机,这个"突然的发现"后面也有将近半个世纪的端倪。他有时将脑与钟表相比,有时将之与电话局相比。诚然,在他的时代里,还没有电子计算机。这些部件是如何协同工作的呢,其实质究竟是什么呢?他是首先提出这一思想的人。

# 5. 大脑神圣不可侵犯

令他感到诧异的是,他得知一些科学家、尤其是生理学家竟然相信上帝。对于所有的教徒,他都宽容对待。因为在这个世界上还有许多愚昧无知、未受教育的人,所以对于社会生活现象和自然现象,由于缺乏一些文化素养,没有一个强大的精神支柱,他们是不会分析的。可是作为生理学家,他们怎么能去相信上帝呢!

用自然科学方法可以研究精神活动,这一点已经非常明确。因为精神不能脱离开人的大脑,孤立存在。《东正教评论》刊登了形形色色的唯心论者的作品,甚至有的作品还刊登在《生理学和心理学》杂志上。这些唯心论者非常可怕,他们始终要让人们相信:

"人的精神，即人的意识，永恒不灭。"

东正教徒也和他们一唱一和："我们的意识都是由神主宰的自由意志。"

人们常常说："尽管我们可以杜撰理论，但事实却是不能臆造的。"毫无疑问，这是不可能的。事实也证明："在已经研究出的唾液腺心理学的方面，我们已经了解到，那些一切可以称为心理活动的因素，比如：感情、愿望还有一些观念以及关于进到嘴里的东西的特性的思想……"

那个时候谢切诺夫就说过："数不清的各式各样的大脑活动在外部的表现形式，最后只会归结于一种根本现象，那就是肌肉运动。正如孩子们看到喜欢的玩具而露出笑容，意大利的民族英雄加里波第因为深深地热爱着自己的祖国，所以即使是被驱逐时仍然可以面带微笑，年轻的姑娘第一次生发爱恋之情时身体忍不住会战栗，牛顿创立了著名的定律并把它写在了纸上——这一切的一切都是以肌肉运动为最后结果……"

"不行，我可不能这么心平气和地谈论心理学！心理学著名的代表人物冯特都说，在自然界，一切原因的最高形式归根结底就是精神力量的活动，这怎么能称之为是科学！简直是可笑！无稽之谈！"巴甫洛夫快速地翻动着书页，还不时抬头看看奥尔别利，他也和巴甫洛夫一起待在办公室里。

"可是若是什么都不相信，认为没有上帝，这件事想起来就很恐怖。"奥尔别利诚实地说出了自己的看法。

"关键问题就在这儿。大家都会想没有上帝怎么可以呢？没有上帝我们简直寸步难行，于是他们就开始利用这个来愚弄人的头脑……"

有一次巴甫洛夫非常生气地对助手们说："'理解了''忘记了''想起来了''猜到了'——这些都是什么话？如果在谈到实验狗时用这些词语，只能说明你们的无知可笑，而且会影响你们对狗的行为真正原因的理解。说这种话就应该罚款！对，对，以后谁要说什么狗'理解了''忘记了'或是类似这种话，那就惩罚他！"

"哦，可是我们总该把所得到的事实和心理学上的事实做一个比较吧？"精神病医师斯纳尔斯基仍然固执地说道。

"你说什么？"

"呃，我指的是狗的内心世界。"

"'内心世界'？你这句话毫无意义。注意观察唾液腺，这个才可以算是测量仪器。"

"它能测定任何状态？"

"是的，假如我们能把这和食物的刺激联系在一起的话。"

"哎呀！你这简直是在开玩笑吧！就算不唯心，那你唯物主义也得有个限度吧！"

其实，即使是十分亲近的人也不能够完全理解他所从事的研究工作究竟有多么重要，以及这些工作对人类的影响。斯纳尔斯基是他喜欢的学生，巴甫洛夫曾经对他寄予无限希望,可他们却分手了，这并不是巴甫洛夫爱发火的脾气导致的。他也会经常对别人发火，但是发完脾气之后对工作并没有什么直接的影响。这次他跟学生分道扬镳是因为两人有不同的思想基础。

"斯纳尔斯基博士始终坚持着自己对于所看到现象的主观解释，而我却认为对眼前的任务用这种态度是不切合实际的，而且在学术上可以说是徒劳无益的，于是我就开始寻找另外一条出路以摆脱这种困境。"之后巴甫洛夫写道，"经过极其痛苦的思想斗争之后，我又对正在研究的对象作了深思熟虑，然后我终于下定了决心，那就是在称之为精神兴奋作用的课题面前，我只坚持承认外部现象及它们之间的相互关系，做一个纯粹的实验者。为了很好地实现这一决定，我和我的新助手托洛奇诺夫博士开始着手工作了……"

托洛奇诺夫会每天下午4点准时从乌杰尔纳雅的精神病院出发，赶到巴甫洛夫的实验室。他们一起对动物进行了实验，而且一次比一次复杂，最后得到的实验结果表现得清清楚楚，即"条件反射"。

在自然科学家代表和赫尔辛基北欧国家医生大会上，托洛奇诺夫在自己的演讲报告中首次使用了"条件反射"这一专业用语，巴甫洛夫也毫无芥蒂，慷慨无私地给了他这次机会。巴甫洛夫并不认为，事实上自己才是真正的"条件反射"之父。他常常说："我们共同担负着同一项事业，每个人都力所能及地推进它的发展。"虽然在后来巴甫洛夫的研究转向最重要的大脑时，他们同样也分道扬镳了。

"从伽利略那个时候起，自然科学就面临大脑这一高级学科，而且一度明显停滞了其迅速发展的进程……这似乎不无道理，发展到最高阶段的大脑创造了自然科学，并不断对其进行改造，它本身反过来成了自然科学研究的对象。因此，它也是自然科学的关键因素。"对于研究神圣不可侵犯的东西——大脑，托洛奇诺夫退缩了，他认为老师的这项事业不可能成功，他选择了放弃，和巴甫洛夫沉痛地分手了。

而谢拉菲玛的眼泪比什么都可怕。谢拉菲玛很信任巴甫洛夫，各方面都支持他，而他也习惯了和她同甘共苦。然而，现在当他向妻子谈起自己对心理学和生理学的研究时，谢拉菲玛显得惶恐不安，目光中充满了恐惧。

"要知道，你做的事是针对唯物主义的，是真正的唯物主义！"她忍不住啜泣起来。"我的处境真是举步维艰，"巴甫洛夫这样对奥尔别利说，"我不能够随心所欲地自由思考，自由研究，因为周围的环境开始使我感到处处受到了约束。"他甚至开始感觉到了科学院戒备的冷风，因为很长一段时间他们不再出版他的文章。而且他们常常会"忘记"邀请他参加科学院的学术会议。即使是在军医学院里，人们也开始对他怀有戒心。于是他便更加经常在各科学协会和研究所的会议上做报告，用狗演示条件反射学说。

"我绝不是个胆小怕事，遇到阻碍就会退缩的人。"他用一种坚定的口吻激动地说道，"虽然我清楚地知道，有一些人反对我的条件反射学说。虽然狂吠已经从四面八方悄悄地向我袭来了，但是他们却难以压倒我的狗叫声！"

"我们迫切地需要一个隔音效果良好的实验室。"巴甫洛夫对跟他共事多年的忠实助手加尼克说。在实验室仪器装备方面加尼克可是技术高超。"只有在这种条件下才能继续工作。这些实验用的动物必须安静，不能受外边任何嘈杂、喧闹声的影响。可是到哪儿去弄材料呢？"后来，他去了莫斯科找到了一个促进实验科学及其应用的救济会，他向他们申请求援，幸好他的申请没有遭到拒绝。助手加尼克被派出国外，参观了同一系列和设施的实验室，为了借鉴各种先进经验，以后好建造一座"五音宫"。

"'无音宫'应该建在生理学部的旁边，虽然这样一来会多少破坏一点校园的风光。"巴甫洛夫给奥登堡斯基的信中写道，"但研究所和实验室，应该追求的是先进的科学设备，而不应该是花花草草这种简单的风光。我敢保证，正在设计的实验室本身将会产生很多成果，这些成果一定会给我们研究所增加不少学术上的好名声。"

然而局势却一天比一天更加艰难，唯心论的浪潮似乎更加猛烈地向科学家们涌来。许多人开始怀疑科学实验是否能解决那些神学派的直觉和形而上学的辩证思维都无法解决的那些极端复杂的问题。他们的信心产生了动摇，这时出现了"灵魂论"的观点，经常被用来攻击巴甫洛夫，而且这样的人越来越多。这样的形势下，科学的理智还多少会受到国家当局的压制。

简直令人无法忍受的是，到最后，警察开始监视高等学校。巴甫洛夫是军医学院中唯一一个加入了俄国高等学校进步人士群体中的教师，他同时签名表示抗议：在政府完全撤销警察监视之前，所有的学者们拒绝登上讲台讲课。巴甫洛夫这块难啃的骨头，让他的上级感到很难堪，他认为早该把巴甫洛夫收拾掉。各界的舆论都要出面干涉的，况且这其中还有很多学生。因为正处在托尔斯泰逝世和安葬日当中，学生们在"废除死刑"的响亮口号下，一起联合起来支持这位著名作家的遗训。

打击接踵而至。别兹博卡娅在研究动物的情绪表现时，运用了巴甫洛夫的条件反射法。1913年5月，在她的论文答辩会上，这种方法激怒了巴甫洛夫的反对者们，他们公开对巴甫洛夫宣战——没让别兹博卡娅通过答辩。

"先生们，"巴甫洛夫气愤地说，"在众目睽睽之下，竟然发生如此有失公正的事件。也许你们会认为，我受到了打击和损害，我们科学最前沿，最重要的学科的命运受到了打击。不，你们想错了。因此而受到最大伤害的是客观地研究大脑生理学派的那些敌对分子。""你说什么？'大脑生理'？""灵魂论者"的人群中掀起了一片喧嚣。

"完全清楚，"巴甫洛夫说，"在这一切发生之后，我将退出这个尊敬的学术委员会，离开军医学院！"他的声音压倒了喧嚣声，谁也没有料到，巴甫洛夫将会做出这个决定。别兹博卡娅站在一边怅然若失，巴甫洛夫在离开之前，走到她面前："不要难过，没有成为博士，这只是个形式问题。实际上，你已经是了，你的名字也将载入生理学史册。"第二天，报纸上就对这件事进行了报道："世界著名学者巴甫洛夫院士向军医学院当局递交了正式报告，要求解除正式教授职务，以及生理学教研室的工作。著名生理学家巴甫洛夫离去的消息立刻在校内引起了轩然大波。"巴甫洛夫的离开和学生们的学潮对有关当局形成了一定的压力。

时间真快，新学年马上就要开始了，学校的学生们全都期待着巴甫洛夫来上课。他们声称，如果巴甫洛夫不来，学校将会产生新的骚乱。没有办法，学校领导帕舒京只好向巴甫洛夫家的医生——亚诺夫斯基求助，请求他从巴甫洛夫的好友中选人，组成一个代表团，率领他们去把巴甫洛夫请回学校。并且恳求别再提别兹博卡娅答辩会上有关巴甫洛夫的事，千万不要再提，因为那只是一个痛心的误会。而为了尽力挽回这种误会，让亚诺夫斯基带一封校委会赔礼道歉的信给巴甫洛夫。

"他也许要提出自己的条件。"亚诺夫斯基教授说。

"我们接受。"

巴甫洛夫正在花园里面悠闲地散着步。他头上戴着一顶宽边的草帽，脸色是健康的黝黑色，体格分外健壮。当看到以亚诺夫斯基为首的代表团来到时，他警觉地望着走近的同行们。越仔细观察这些来访者，他的目光变得越慈祥。他快步上前，欢迎这些志同道合的朋友，可是心里并不清楚，他们究竟是为何事光临？

"巴甫洛夫，亲爱的巴甫洛夫，你还好吗？我们认识已经很久了吧？"亚诺夫斯基寒暄道，问候的话语里带着一点官腔。

"嗯，是的，可以说是很久了。"他立即警觉起来，应付地回答。

"哈，你这么说我太高兴了，那你一定就不会怀疑我的真情实意了……我们想以你全体朋友的名义请你继续回军医学院去……"

"除了代表全体朋友，你还代表谁说话？"

"还代表学校领导，我受委托给你带来一封校委会道歉的信。"

"噢，你是知道的，我已经离开军医学院了。"

"错误已经纠正了，别兹博卡娅的医学博士学位就在那一个星期以后，学术委员会已经授予了她。这一点想必你已经知道了。"

"由此可得出结论，我一开始就是正确的。"

"教授，那你的课该怎么办才好呢？还有实验台上的手术？以及那些研究工作？"萨维奇向他走去，他是巴甫洛夫喜欢的学生之一，有着温厚的性格，他戴着一副金丝眼镜，满头自然蓬松的卷发。"还有学生呢？他们在等着你。"

"你可以选择任何题目讲课。"奥尔别利补充道。

"啊哦！不管是任何题目？"巴甫洛夫一手扶着宽边草帽，一边眨着一双狡黠的、孩童般淘气的眼镜，"算了，我回去。我要讲一次课，让他们永远记住。我要郑重地告诉他们，所有这些全是因为唯心主义神学家先生们还有立宪民主党人的龌龊勾当，从那些人那里刮来了一股腐朽的风气。可他们什么也捞不到，而且永远捞不到！"

# 6. 教授的日程

巴甫洛夫常常9点准时上课，从不迟到。在没有课的时候，他就到实验室来。不能说"来到"，简直是一路疾驰，飞进来的。从他跨进实验室的那一刻起，整个实验室立刻充满了勃勃生机，他喋喋不休，还不停地打着各种手势，仿佛有使不完的劲，恨不得立刻投入工作。直到下班，实验室里依旧紧张忙碌。快到五点半时，他便掏出表来，打开表盖，飞快地看看指针，然后大声说："该回家了。"

他习惯步行回家。每次走在回家的路上，和同事们一边谈论当前的工作一边开始一些争论，解决一些问题。同事们把陪他走路看成是最大的荣幸，而他则是继续工作。

巴甫洛夫有两个实验室：医学院有一个，实验医学研究院有一个。每天吃过饭，在家休息一个半小时，他便不知疲倦地重新奔向实验室。在那里一待就是半夜，以致他常常独自一人吃夜宵。每次在他来之前，学生们便烧好了茶饮，桌子上摆好了牛奶和白面包。

所有的学生都会不自觉地模仿老师，他说话的样子、腔调，甚至是激动时的手势。他们耳濡目染，深受巴甫洛夫影响。他们都承认，自己简直和老师本人像极了。最主要的一点，他们也学到了老师那种工作热忱和不懈创造的精神，老师独有的特点，也被他们吸取了。这都要归功于集体思考形式，这种方式让他们不再有顾虑，就像乘上了轻便马车，智慧迅速成长了，天才也得到了发挥。

巴甫洛夫领导了"卡皮察学派"将近五十年，他的很多学生差不多一辈子都和他在一起。叶甫根尼·亚历山大罗维奇·冈尼克——实验室的"技术保佑者"，这位智力非凡的工程师跟随巴甫洛夫工作了四十二年，解决了巴甫洛夫实验过程中的全部技术问题，被人们称作为"伟大科学家最亲密的忠实助手"。也有些学生因为思想分歧在后来离开了巴甫洛夫。

他的不少学生——艾兹拉斯·阿斯拉托维奇·阿斯特拉强、列昂·阿勃加罗维奇·奥尔别利、康斯坦丁·米哈伊洛维奇·贝科夫、彼得·库兹米奇·阿诺兴，随着时间的推移也都成了院士，在生理学的各个领域独当一面，创立了与巴甫洛夫学派不同的独立学派。

这个优秀卓越的学派的每一个萌发的"幼芽"都没有完全脱离生育它的母根。他们仍然登门求教，相互交流成就，共同探讨失败的原因，向教授请教各种疑难问题等，这是很多巴甫洛夫原来的学生乐意做的事。这类访问经常安排在"星期三座谈会"上，甚至还有人从别的城市赶来参加这个座谈会。

巴甫洛夫的心血没有白费，他培养的学生在很多领域开花散叶，取得了丰硕的成绩。辛勤的园丁巴甫洛夫没有平白无故地把自己的学生叫做"分栽"，只要一个学生在某种独立工作方面成熟了，巴甫洛夫就毫不犹豫地进行这种"分栽"，他很尊重科学工作的独立性。当然，只有当他确信学生已具备这种条件时才如此。

无论是哪一项研究成果在出版发表之前，都要在实验室里经过多次地反复验证。正巴甫洛夫一向所说的那样，它必须要"放熟了"才可以。他一直对"事实先生"万分崇敬，事实上，在巴甫洛夫实验室以往历年出版的成果中从未发现过一处错误。这是多么的难得。

# 7. 遭遇质疑

巴甫洛夫严于自律。虽然他的条件反射已经论述了将近二十年，但他一直没有草率出版他在这一方面的著作，他非常严谨。直到他认为其完全成熟了，才将其出版。他心目中认为，一个研究人员，不论其成功与否，一辈子也只能写好一本书。无怪乎他把自己对高级神经活动的研究称作"二十年细心思考的成果"。

巴甫洛夫提出的条件反射学说，并不是一下子就能够被所有的人承认。有一些人说："这哪里算得上什么科学，估计随便哪一个熟悉和能够驯狗的猎人都能说出来！"这时就会有另一些人随声附和："就是，哪怕是扫院子的人也会知道狗当然是有那么几滴唾液的。"然而更让人不满的是一些心理学家，巴甫洛夫对他们不堪一击的禁区进行了"公开、粗野、猛烈"的攻击，这冒犯了许多人，甚至在巴甫洛夫的学生之中竟然也出现了一个这样的强烈反对者。

在开始以纯生理的方法详细研究"心理性的"条件反射时，实验室里禁止说："狗在想"，"狗不高兴"，"狗厌烦了"，"狗在等待"等等。说明此刻在动物的神经系统中究竟出现什么，都要找到确切的概念。如果使用禁用的词汇解释实验，那人就会被罚款。有一次，巴甫洛夫自己说错了，他边骂自己边哈哈大笑，并立即掏出了罚款。

所有持不同看法的人都被鄙视地称为"心理迷",并遭到刻薄的讥讽。安东·捷奥菲洛维奇·斯纳尔斯基是巴甫洛夫最亲近的助手,他断然拒绝用新的方法做实验,对一切顾虑都顾不得了。后来巴甫洛夫回忆说:"我感到十分惊讶的是,当这位实验室的忠实朋友第一次听到我们要在这个实验室里用那些到目前为止我们一直用来解决各种生理问题的设备来研究狗的心理活动时,他确实显得十分气愤。我们的劝告对他毫无作用,他预料我们要失败,并且巴不得我们失败!因为他认为,对人和高级动物的精神世界所具有的崇高和独特的东西进行研究,不仅不能取得成果,而且简直就是在我们的生理实验室里对它们进行亵渎……真正持之以恒的科学,在触及生命的最新领域时,必然会引起某些人的误解和反对,因为这些人历来就习惯于用另外一种观点讨论这个领域的自然现象。"

斯纳尔斯基就是一个代表,他固执己见,认为狗的内心世界和纯粹的人的思维、感觉和愿望相似。他一个劲儿地说他的那只实验用狗活得是多么聪明伶俐,这只狗对身边的事多么敏感。

巴甫洛夫对这种观点的"异想天开和缺乏科学性"感到吃惊,他毅然摒弃了关于心理过程是特殊现象这一传统的观点,他说:"经过周密的思考和认真的思想斗争,我下决心继续做一名诚实的实验者,只研究外界现象和它们的关系。"和斯纳尔斯基的冲突加快了巴甫洛夫的条件反射学说的成熟。在和他分手后,巴甫洛夫便和新助手托洛奇诺夫着手对自己的想法进行验证,首次对条件反射进行了研究。

在市郊一家医院担任精神病医师的托洛奇诺夫每天下午到这里来,和巴甫洛夫一起搞"心理学"研究。他们将狗放在架子上,然后往狗的嘴里灌上一点盐酸,狗便开始流唾液。过了一会,他们只把第一次盛盐酸的小玻璃瓶给狗看了看,同样生效,唾液流了出来。

他明白了：条件反射是心理活动产生的主要成分之一，但不局限于条件反射。而巴甫洛夫确信，客观地研究条件反射是利用生理方法研究心理过程的可靠方法，并且巴甫洛夫所说的不仅仅是心理活动，而且是高级神经活动。

# 8. 可恶的战争

巴甫洛夫对生活有着广泛的追求，对什么都感兴趣，如果精力和时间允许的话，他要去了解地球上存在的一切。他收集邮票、草本植物、蝴蝶、甲虫，不仅自己去捕捉蝴蝶，而且还从毛虫、从蛹里培养蝴蝶……

1914年瑞士打算召开精神病学家、神经学家和心理学家国际代表大会。巴甫洛夫为此准备了《真正的大脑生理学》的学术报告，想以此驳倒著名生理学家克拉帕雷德，并证明"大脑生理学"是存在的，但第一次世界大战的发生使一切计划成为泡影。

实验室的生活因为大部分同事都被派往前线成了战地医生而变得沉寂了，学生的课程提前结束，很快被派往前线、战地医院或后方医院，实验用狗也非常难得到了。每天早晨，巴甫洛夫依旧准时到教室上课。

即使投身于心爱的工作，他也不断观察自己，并分析自己的情绪。所有一切都因受到战争的制约而产生了这种"不稳定的情绪"，对科学的兴趣及科学上的思考，勉勉强强能够维持。是的，战争影响了工作。可还在不久之前，那情景是多么美好！

巴甫洛夫出席了在格罗宁根举行的第九届国际生理学会议，并作了《高级神经活动研究》的报告，这对他特别有利。在1913年9月

5日的闭幕式上，他的这份报告成为会议中的一件大事，为了他的报告，大会组织者特意租借了一座剧院的大厅，可仍容纳不下听报告的人……此时，一场战争爆发了！

"胡闹！野蛮！不把钱财和力量用来发展科学和知识，却去发动什么愚蠢的战争。"他咒骂起那些战争的主谋者。

巴甫洛夫的科学成就饮誉四海，他被几十个医生学会、研究所、委员会选为名誉会员。从伦敦皇家协会发来的通知，告诉他将向他颁发科普利勋章，并邀请他去参加授勋仪式。他由衷地感谢皇家协会的最高奖励，可是正在打仗，哪里能去呢！在纪念谢切诺夫的那些日子里，他连莫斯科也没有去成。"我深感遗憾，但也没有别的办法"，巴甫洛夫在给莫斯科的信中写道，"什么时候开会，请通知我，我好发个电报表示祝贺。请代我向科学理事会的邀请致以谢意。"

战争破坏了城市里的正常生活，连清洁工都被派到了战场，雪堆在街上到处都是。实验医学研究所路边沟壑纵横，像张开的大嘴，昔日繁华的罗布欣斯基大街也显得荒芜不堪。巴甫洛夫已经是六十七岁高龄，当走近这些壕沟时，他必须绕着走，或者跳过这些壕沟。而他平时一向走路很快，由于怕耽搁时间，走得比平日更快了些，结果没有跳过去，一下滑倒跌进了壕沟。当他使劲用手撑着勉强爬起来时，已经站不住了。助手安列普跑了过来，想扶着他站起来。

"不必了，没有用，估计是骨折或是脱臼。请弄个什么车来，送我回家吧。"

急促的门铃响起时，谢拉菲玛正在摆餐桌，等着一家人吃早饭。当女佣打开门时，见门人瓦西里在门边站着，他一下子就明白了，一句话没说就冲进巴甫洛夫的工作室，拿起一把椅子跑出屋子。

"发生了什么事？"谢拉菲玛慌忙之中只来得及问了这么

一句。

"很糟糕！"看门人大声回答。

巴甫洛夫坐在藤椅上被助手们给送了回来。

"不要紧的，休息一星期，我就没事了，那时就能和你们一起去跑步了。"他精神饱满地说。然而根据奥佩利教授确诊的结果，是胯股骨折，情况比他估计的要严重得多。他什么也没有对巴甫洛夫说，悄悄告诉谢拉菲玛：骨折很严重，至少要卧床三个月，还会造成瘸腿。我们知道，他无法忍受自己无事可干。于是巴甫洛夫便天天教厨娘达沙的小儿子认字，借此来消磨时间。等伤势略有好转，便自己口述，由妻子执笔记录他研究大脑的笔记。

"你不觉得疲劳吗？休息会儿不是更好吗？"她说。

"我不想那些乱七八糟的思想来扰乱脑子，这种时候我本来应该工作的。那次意外事故给我带来麻烦了，这时候考虑身体毫无益处。挺遗憾的，我得失去多少时间啊！"奥尔别利从前线归来，径直来看望他，他高兴极了。

"怎么样？那儿情况如何？"巴甫洛夫一连串地提了好多问题。"高兴的事儿很少。指挥乱七八糟，而士兵也疲惫不堪，连吃败仗。""是的，这种腐败的现象该结束了。你怎么还不把衣服脱掉？我们来喝杯茶吧，哎，抱歉我不能亲自招待你，都是这条讨厌的腿。""谢谢，我好不容易来看望你，但只能待几分钟。目前一场变革正在筹划，我还有许多事情，恐怕明天就得返回前线。"

"我一切都预感到了。现在正是非常时期。你看看，我这儿有多少报纸！"

巴甫洛夫抖动着报纸，"立宪民主党人的叫嚣令人发指。我听到米留科夫的名字，就忍不住火冒三丈。他一味鼓吹要打到底……"

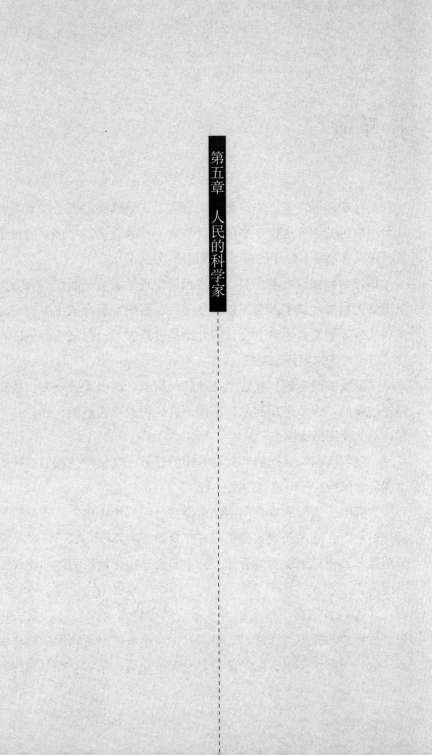

第五章　人民的科学家

我愿用我全部的生命从事科学研究，来贡献给生育我、栽培我的祖国和人民。

——巴甫洛夫

# 1. 革命

二月革命爆发了。安尼契科夫宫旁，一团熊熊的烈火在焚烧着从大小商店的招牌上抠下来的国徽和鹰。推翻君主制后最初的日子里，欢天喜地举着旗子的游行队伍川流不息。

1917年4月6日在莫斯科召开了俄国生理学家第一届代表大会。巴甫洛夫积极参加了筹备工作，他是大会组织委员会的主席，可是疾病使他未能亲自出席大会。因此给同行寄去了一封书信，信中表达了自己对未来满怀希望：

"亲爱的同志们！在这个特殊的时期里，过去天各一方、彼此隔绝的我们，今天组织起来，欢聚一堂。而我现在不能和你们在一起，对此我深感遗憾。"

"我们面临着共同的利益和共同的任务，这就是使我们祖国的生理科学保持在尽可能高的水平上。"

"沉闷、难熬的岁月刚刚结束，它已经成为历史了。我只想告诉你们一点：这次代表大会被准许在复活节时召开，而不是在圣诞节前召开。而且组织委员会作了会上不会作出任何政治性的决议的书面保证。"

"我们必须在头一天把学术报告的提纲送交市行政长官，这是最后批准时提出的条件，这事就发生在革命前的两三天。感谢上帝，这一切都远离了我们，希望它一去不复返。我们不能不期待，并且必须期待，因为制定新制度，将会有各种科学活动的资金新增给我们。既然如此，我们更应不遗余力地加紧工作。我们杂志的创刊是在祖国的各方面自由的、日新月异、蓬勃向上的形势下成立的，因此它是非常及时的。我们的协会和刊物都和我们祖国的生理学创始人、真正自由精神的代表谢切诺夫的名字紧紧相连，这是我们的幸福！"

这一天终于来到了，他向军医学院递交关于自己已恢复健康的书面报告。就在当天，他出席了实验医学研究所的学术委员会，给高尔基、法明岑、维尔纳茨基、鲍罗丁打了电话，商谈和他们一起创立"促进及普及精密学科自由协会"。

第一次会议是以高尔基和巴甫洛夫的致词开始的：

"我们一致认为，各国人民美满的生活必须是建立在精密学科的繁荣和发展之上的。因此我们协会的宗旨是创立一个自由广泛的组织，以使我们民族各门精密学科领域中的创造天才能够充分而鲜明地体现和发挥自己的价值。"革命仿佛给他增添了力量。对于实验室里的研究工作，巴甫洛夫是一分钟也不肯放松的。他同时还参加了十几个会议。此外，还有各种组织工作和行政管理工作由他抽空兼任。

自由思想、独立精神、科学思考的胜利、幻想的驰骋——这一切鼓舞了他，并在他面前又开辟一条无条件反射的阳光大道——自由反射。然而，各处都出现了反对临时政府的集会，国内局势日益复杂。巴甫洛夫怀着一颗焦虑的心注视着这一切：摆脱了无能的指挥之后，俄国军队不断取得胜利，这不由得让他感到兴奋和自豪。

"啊！可忙坏了德国人！当然，他们没有来进攻我们，并不是要保护、捍卫俄国革命，而是因为没有力量。他们能到哪里找到这种力量呢？"

十月革命震惊了巴甫洛夫，在初期他并不理解。他对革命"感到心情沉重，认为国家完了，交战国定会把她瓜分掉，"奥尔别利在回忆中写道。可是当巴甫洛夫看到年轻的苏维埃共和国成功地粉碎了白匪军及外国武装干涉者，并建立起新的强大的国家时，他的心情变得开朗了。

在韦坚街住了二十八年的舒适住宅，现在因为生活更加艰难不得不搬进了科学院的公家住房。它坐落在瓦西里耶夫岛的7号公路上，在巴甫洛夫夫妇早年家庭生活时住的德米特里的大学住宅附近，可是德米特里早已离开人世了……他们四个人住在新住宅里：巴甫洛夫、谢拉菲玛、大儿子沃洛佳和女儿薇拉。另外两个儿子，弗谢沃洛德在国外，而维克托去罗斯托夫姨妈家弄粮食去了。

# 2. 黑面包干泡茶

巴甫洛夫已经习惯了每次排着队去食品店门口买早餐，而这段时间市场上物价飞涨，货币贬值，这都是由于粮食不足引起的。

因为国内处境艰难，巴甫洛夫和他的助手们不得不设法自己弄到吃的。他住宅里有一个自家菜园，自己种菜供应家里，并且建议他的助手们也效仿他的做法。从那天起，每逢清晨或黄昏，都能看见他在离实验医学研究所不远的那块荒地上铲着、挖着。

他种上了土豆，撒下了菜子，还移栽了白菜秧。巴甫洛夫自己锄草、培土。最初还有天旱时，儿子沃洛佳便帮他浇水。等到种的东西开始成熟时，他每天夜里都去看守。

巴甫洛夫习惯用加了砂糖的烧瓶喝午茶，如果没有砂糖，便加糖精，然后用玻璃棒搅动。巴甫洛夫和他的助手们往往喜欢在这时候进行热烈的争论和交谈，大家畅所欲言，气氛无比融洽。助手们可以和巴甫洛夫争辩，打断他的话，极力证明自己的观点。甚至允许想入非非，但要遵循一条，就是所有的观点都应该建立在现实依据的基础之上，不然，他就会立马制止对方，甚至发火。

"怎么样？玛丽娅用黑面包干泡的茶并不难喝吧。她简直就是行家。"巴甫洛夫呷了一口茶，说道。

"这都是因为再没有别的更好吃的东西了。"玛丽娅回答道。

"天晓得，居然到了这种地步！噢，谢尔盖，储存了松明吗？"巴甫洛夫问勤杂工。

"还够。即使没有木柴，我可以随便找块木板，把它劈成小片片，做松明用。我这就劈去。"

"当然，这很不文明。可如果这是迫不得已……"他含着深意的目光望着二十五岁的助手弗罗洛夫。

"弄到了一只小狗。"弗罗洛夫含着微笑回答道。

"噢，谢谢，弗罗洛夫。非常感谢你。"

实验室里从来没有讨论过弗罗洛夫是用什么方法弄到狗的，但大家都知道。一清早，他就和巴甫洛夫的另一位年轻学生富尔西科夫带了一块面包和一条绳子，来到彼得格勒城里空旷的大街上。有时还有位相当年轻而壮实的教授和他们在一起。于是他们三人在大门洞下引诱狗，把它拴住以后就拖到研究所来。一次，他们拼命追赶一条狗，一直追到一座大门洞里。突然狗的主人出现了，弗罗洛夫和富尔西科夫只好逃之夭夭。

而教授不得不就他们需要狗的原因向主人解释了好久，不住地给主人道歉，才把事情给解决了，而巴甫洛夫对于这件事情一无所知。他一直恪守一种习惯，在喝茶的时候对表，即使在参加一些重大会议期间也不例外。每次都是12点差几分时，巴甫洛夫从口袋里掏出银壳怀表，注视着秒针一秒一秒地走。从圣彼得堡罗帕洛夫要塞传来午炮的轰鸣声时，正是12点整。

"一秒也不差！"巴甫洛夫满意地说，"走得很准。"

喝完茶，巴甫洛夫便舒服地坐在藤椅上，似乎想要驱走所有的紧张和疲劳，把那双不得清闲的、忙碌有力、动人的双手给解放出来。

"要一下子掌握一切是不可能的。科学正在一点一点地掌握复杂现象。而这种复杂现象一定会不断地、越来越多地为科学所征服。"他的话语平静，没有停顿，不慌不忙，他那奇特的感情迅速抓住了听者。他们似乎洞察到了巴甫洛夫思想发展的全部复杂而深奥的过程，在他那里无所不胜、无所不能，使人倍添获胜的信心。

德国、捷克斯洛伐克、美国的学者邀请这位伟大的生理学家，并满足他提供所有的科研条件，同时也邀请他的家属同往。但巴甫洛夫从未想过要离开祖国，菜园里收成不错，马铃薯和白菜把他办公室的两个角落都堆满了，保证全家吃饱没问题。每天晚上巴甫洛夫都用自行车驮一袋白菜回家，他还亲自把白菜放到木盆里并切碎，嘴里还一边说着："嗨，我种的白菜多好！"

可是到了雨季，阴雨连绵，道路泥泞不堪。每次巴甫洛夫从实验医学研究所到波克朗山都走得疲惫不堪，道路越发难走了。看着丈夫疲倦的神情，谢拉菲玛很是心疼，她为丈夫的身体担心，希望他能回城里居住。

"可是在那里，我们没有柴火烧着驱寒。咳，我歇会儿就去剁白菜，这得感谢我父亲，他教会了我劳动。"

"就让我也去干点吧。"谢拉菲玛说。

"绝对不行！我不想让你成为厨娘，你干的事够多了。"薇拉下班回来，无精打采的，浑身都湿透了，冻得直打冷战。

"我好像是病了。"她说。"上帝，这一切何时到头！"谢拉菲玛一边帮助女儿换衣服，一边哭了。巴甫洛夫因为着凉得了肺炎，紧接着女儿也得了肺炎。他们熟悉的医生都去了前线，现在一个也不在身边。谢拉菲玛日夜守护着他们，病人的身体刚恢复，她就把他们从乌杰利纳亚街搬了出来，送到瓦西里耶夫岛去调理。他们的体质很虚弱，需要加强营养，可是只有八分之一磅的面包，怎么加强营养呢?

巴甫洛夫由于不喜欢游手好闲,硬要妻子把一托盘白菜拿到床边,给他系上围裙,他把白菜摘得干干净净,准备用来当午餐。白菜是自己用双手栽培出来的,巴甫洛夫很喜欢干这事儿。可是光吃白菜是不够的,谢拉菲玛便到市场上去想办法,想用衣服换点营养品,哪怕是一杯牛奶、一块黄油或是一些砂糖都行。巴甫洛夫和薇拉的病拖了好长时间,现在总算平安无事了,于是他们又开始上班了。

巴甫洛夫和女儿生病的时候,谢拉菲玛一心一意地照顾他们,现在他们好了,谢拉菲玛却觉得更加无所事事了,日子更难挨了。她总是坐在窗前一个人发呆,表情孤寂而哀伤。这一切巴甫洛夫都看在眼里,但他为不知如何减轻她的悲痛而苦恼。巴甫洛夫劝她写点回忆录,她按照巴甫洛夫的话做了,这样她长期以来积郁的精神上的痛苦在一定程度上减轻了。

而此时,国内政治形势也颇为紧张,巴甫洛夫当然无暇实验。一段时间之后,他也陷入了悲观失望之中。他明白,自己若想重新振作,必然得投入到工作中去。

1920年夏天,巴甫洛夫痛苦不安地等候着关于请求苏维埃政府允许他出国工作的答复。他知道,科学治不了他的怀乡病,离开了祖国,他甚至无法生活。因此,当邦奇·布鲁耶维奇受列宁之托来找他,劝他留下时,他很容易就被说服了。他们还问他为了生活安定个人还需要什么。

"只需要能继续进行科学研究工作就行了。"

这次会见后,有一次,一个上着黑皮夹克,下穿马裤,头戴黑皮帽,脚蹬俄罗斯式靴子的人乘坐小汽车来到了巴甫洛夫办公的地方,他告诉巴甫洛夫可以去领取一份配给。

"什么配给?"巴甫洛夫不解地问道。

"这是决议。"来人递上一封公文。

在一份正式的公文上列有巴甫洛夫应享有的物品清单：火腿、肉、鱼子、野味和其他一些"令人羡慕"的东西。

"绝对不行！"巴甫洛夫生气地提高了嗓门，"我的助手们没有这些，那我也没有权利，不客气地说，享受这样一份配给。"

"那怎么办？我是受托……"穿皮衣服的使者不知所措。

"不，不，我再一次拒绝！你就这么去回禀：巴甫洛夫坚持拒领。全国在挨饿，这不是特权吗？我没有要求这个，没有！"

# 3. 给列宁的电报

来使走了，这时一位过去的熟人捷尔斯基来了。

"你好，巴甫洛夫，什么事让你心情不佳？"他感兴趣地问道。

"他们要给我增加营养，我拒绝了。"巴甫洛夫生气地回答。

"你做得对。再说，你也未必需要他们的配给。"捷尔斯基将鼬皮大衣的下摆一撩，神秘地说，"有一个去瑞典的机会。"

"为什么？"

"可为什么别人都走了？你还在这儿等什么呢？等着饿死吗？"

"得啦，我可饿不死，我家里的人同样也不会饿死。我还有一大堆马铃薯。瞧，不是还要给我提供配给鱼子、各种咸鱼干……"

"说马铃薯和配给干吗？我们谈的是真正丰富的生活，是你的工作。再说你也无权不顾你亲人们的生活。难道你儿子死了还不够吗？不幸的维克托，科学失去了一位多么有才华的组织学家！"

"你不要提他，"巴甫洛夫闷声道，"他当初也可能会牺牲在战争中的。”

“可他只是为了弄一些大麦跟面粉，牺牲在了去姨妈家的路上，并没有牺牲在战争中，他这样做为的是养活你们。您应该离开这儿，去斯德哥尔摩吧，你曾经在那里获得过诺贝尔奖金。如果你到他们那儿去，他们会认为是一种荣誉。”

“我哪儿也不去！”

“怎么，你对这儿所发生的一切都赞成吗？”

“我既不都赞成，但也不走。你决定跑啦？”

“不是跑，而是迁居国外。”

“这是一回事。新政权下，怎么可能容许你这样做，你简直就是交易所里的赌棍，在此也无事可做，所以你请便吧！”

“你虽然是位伟大的学者，”捷尔斯基克制自己说，“也不应该这么和我说话，我可是一片真心。”

“我不相信，根本不相信，是一片真心。大概这也是一种赌博吧。你为我下了多大赌注？”突然巴甫洛夫大声喊道，眼睛里闪着戏谑的光芒。

“这就太……再见了！”

“请便！请便！”

“永远不想再见到你！”

捷尔斯基走了以后，巴甫洛夫就陷入了深深地思考，他努力把身子更紧地裹进大衣里。前几天，在科学工作者之家看到一位白发苍苍的教授在乞讨，好像是故意这么做的，目的就是证明新政府迫害科学家。千万不能让这种现象在持续下去了，巴甫洛夫提笔给列宁写了一封电报：

“我不是社会主义者，也不是共产主义者，也不信你那危险的社会实验。院士伊凡·巴甫洛夫。”写完之后，他正准备去实验室，这时，响起了一阵急促的敲门声。

“噢，噢，您是谁？请先进来！”从门口走进来的是一位年轻的军人，身体健硕，头上戴着一顶布琼尼式头盔，身上穿着一件军大衣。

"您好，请允许我冒昧地向你自我介绍！"

"不用客气，请吧！"巴甫洛夫摸不清他的来意，好奇地望着他。

"谢谢您。我是彼得格勒军区，负责青年军人体育训练的军官，我想向您请教现在是否可以对士兵们进行体操训练？你也是知道的，现在士兵小伙子都吃不饱。"巴甫洛夫听了十分高兴。

"这是个很有趣的问题，"他说，"你要知道，热量和体重可是玄妙生理学的一部分。但是有时候，保养得好、无事可干的人也会生病。你看我，从年轻时就一直坚持做体操，现在虽然艰难，但是还没饿肚子，不如原来吃得好了，可我还是天天做体操，一年四季都会在早上洗冷水澡。你可以看到，我身体很健康！虽然我已经七十岁了。"巴甫洛夫边说，边快速地扔掉大衣，脱去了上衣，身子向后，在地板上轻而易举就做了个"桥"式动作。"就是这样！"他笑了。"所以，你一定要青年战士做体操。"

"谢谢，院士同志！"军人大声回答。

"不客气，青年军人体育训练培训长官。"巴甫洛夫也照军人的口吻清晰地回答，并做了个敬礼动作。送走了客人，巴甫洛夫的情绪好多了。他自己又笑了一阵，然后便急急忙忙跑进实验室，去看彼得罗娃做实验。今天的任务是示范治疗狗的神经机能病。在做实验的小室里，一切都准备好了，实验用的狗也被放到了架子上，巴甫洛夫看到彼得罗娃在等着他。

"如果一切都准备好了，那么开启节奏器吧。"巴甫洛夫轻声说道。节奏器滴滴答地响了起来。狗对此根本不予注意。

"很好，就这样，保持住。接下去。"然后水开始发出咕嘟咕嘟的声音。实验狗对这种刺激还是没有产生反应。

"再继续做下去。"震耳欲聋的铃声在整个房间里回响，狗对此还是没有任何的反应。

"大家过来，过来这儿，都到这儿来！"巴甫洛夫激动地跑到走廊，大声喊叫着，"成功了！真是太好了！"助手们都来到后，巴甫洛夫用洪亮的声音兴奋地宣布道："就在刚才，玛丽娅·彼得罗娃取得了惊人的成果，而且可以毫不夸张地说，这是一项历史性的成果！她得到了让狗患神经机能病及将它治愈的结果。"

"是和你一起取得的。"

"哈别谦虚了，这将作为你的博士论文，彼得罗娃，你太厉害了，成功了！真的成功了！现在完全弄清楚了，大脑半球能产生条件反射。这样，我们就破解了活的机体这一奥秘。原来如此，是这么回事啊！"他举起左手握成拳头，然后在右手掌上轻轻一击，他笑得那么轻松、愉快，大家也忍不住被他的情绪感染了，全都笑了，兴高采烈地望着自己的老师。

"这样一来，"他继续说，"在这只我们称之为'受了刺激'的狗身上，我们人为地制造了神经机能病。玛丽娅向我们演示过，狗在节奏器、水和铃声的外界刺激下是如何地挣扎、吼叫、暴跳。可现在呢？彼得罗娃，请重复一下实验。"

按照原来顺序，彼得罗娃又重做了一遍实验。在这些刺激下，狗显得极其平静。

"问题在哪里呢？"巴甫洛夫说，"就在于，我们把它的神经机能病治好了。我们完全可以大胆地把这种方法用于治疗患神经机能症的病人身上。除去纯理论价值，这就是此次实验的价值。现在我们要准备一只叫做'被抑制'的狗。"巴甫洛夫含着深意地望着弗罗洛夫。

弗罗洛夫两手一摊，苦笑了一下，表示他没能弄到狗。见此情景，巴甫洛夫的情绪一下子低落下来，默然走到楼上自己的办公室，重新开始思考起国内所发生的一切……电话铃声不失时机地响了。

　　一个陌生的女人声音问，巴甫洛夫院士是否能接见阿列克塞·马克西莫维奇·彼什科夫。当时巴甫洛夫并没有立刻明白，所要接见的人就是高尔基。

　　"啊，好的，当然可以。我在这儿等他。"他回答。约莫半小时的光景，高尔基远远向他走了过来。巴甫洛夫有些机警地接待了他，他无论如何不能把他的到访和数日前自己那封发给列宁的电报联系在一起，然而事实却果真如此。高尔基此行就是以"援助巴甫洛夫教授委员会"的三个成员之一的身份前来的。

　　"天黑了，你还不回去？"他说，"你的助手也都在工作吗？"

　　"是啊，他们还在工作。但是只能在松枝照明下进行复杂手术，这哪里能做好工作啊！"

　　高尔基听了之后，沉默了一会儿，然后问道："那请你想一想再告诉我，你认为现在真正特别需要的是什么？我忍不住再强调一遍——是'特别需要的'。"

　　"那我也要重复一遍：那就是用来做实验用的动物。因为现在没有地方可以买到，况且我们也没有钱。之前都是警察会捉一些无家可归的流浪狗，可现在这种流浪狗也找不到了。"

　　"而且那些捉流浪狗的警察也没有了。"高尔基幽默地说道。但巴甫洛夫没有笑，他显然没有心情开玩笑。

　　"你家里究竟生活得怎么样？"

　　"这你也感兴趣？"巴甫洛夫俏皮地看了一眼高尔基。

　　"根据我们的谈话和我做主席的委员会的结论，将由人民委员会决议决定的这里边就包括这个问题，还有对你实行特殊供应。"

　　"我已经说过了，我不需要其他任何的特殊照顾！现在不需要，将来也不会需要！"

　　"我十分理解你，巴甫洛夫。我知道你现在的情况有点困难，很困难，国家也遭到了战争的严重破坏，一切都会慢慢好起来。苏维埃政府将尽一切可能，保证你能安心地生活和工作。"

"但愿如此。"巴甫洛夫忧伤地说道。

"会实现的。苏维埃政府非常器重您，也对您和您的工作寄予了无限的希望。"

"真的是特别器重？那好吧，"巴甫洛夫不放过一丝一毫的机会，"第一，给我们提供做实验用的动物、动物饲料，如果还有可能的话，还要给供电。"他们的谈话到此结束。

在这里，引用一段英国作家威尔斯的回忆。他曾于1920年9月来俄国进行访问，他对自己看到的一切感到十分惊讶："在俄国，给我印象最深的，就是安排在科学工作者之家与一些学术界的代表人物的会面。我在那儿见到很多东方学家，包括奥尔登保、卡尔平斯基，还有诺贝尔奖金获得者巴甫洛夫及其他一些世界著名的学者……他们由于疲劳过度和营养不良而显得极端虚弱。实验室里不能供应足够的纸张，也没有供暖。奇怪的是，他们丝毫不受影响，依旧在卓有成效地劳动着，总是在创造着什么。

"巴甫洛夫继续以他过人的胆略和不俗的造诣坚持进行着关于动物高级神经活动的研究工作……如果这年冬天彼得格勒将毁于饥饿的话，那些科学家也不能幸免于难。这便是科学精神的可敬之处。对于他们来说，知识比面包更珍贵。"

"他们中没有人和我谈起关于支援他们粮食的事情，而出人意料的是他们所有的人都是那么热切地渴望得到相关的科学文献……巴甫洛夫在这期间，仍然穿着笨重的大衣，坐在那间满是马铃薯和胡萝卜的办公室里专心致志地进行他那卓越的研究。那些马铃薯和胡萝卜都是他在科学工作之余的时间种的。"

在实验医学研究所里，巴甫洛夫接待了威尔斯的拜访，虽然表面上显得有些冷淡，但总归还算是客客气气的。接待室里，有一种肃穆的气氛，但因为有一件事引起了这位科幻作家的好奇心，所以这段不愉快很快被掩盖过去了。有一个人从后门送来一小袋的面粉，直接把它交给了厨娘。

"从谁那儿拿来的？"厨娘问拿面粉来的黑发小伙子。

"不知道，是别人让我转交的，我就照办了。对了，这儿还有一张便条。"说完他就走了。便条上写道："敬爱的巴甫洛夫！我深深热爱生理学，并一直幻想能够成为一名科学家。现阶段，我们国家的生活十分艰难。但是你的生命和健康就正如我父母的生命和健康一样无比宝贵，因此，我诚恳地请你接受这包东西，一小点面粉。你的一个小学生。"

"你怎么能要呢？"巴甫洛夫问厨娘。"不知道是什么人的，你就拿。"

"他说，他只是按照某人的吩咐。别的一概不知，我也不知道，一转身他就走了。"

"明天就让他拿回去吧，就放在那儿，不要动。"

"他并没有留下姓名和地址，你怎么能知道是谁的呢？"

"用不着去当侦探，我会了解到的。"

第二天，有许多从战争的前线负伤回来的人来军医学院听巴甫洛夫的讲座，他们端正地坐在那儿，有的身穿军大衣，有的身穿短皮大衣，穿着毡靴或者是树皮靴，也有的戴着布琼尼军帽。这些人和以前挤满教室的学生不同，完全是另外一种人。

当他的讲课结束时，巴甫洛夫说："昨天，我收到了一封极其可爱的信，我想一定是你们其中的一位写的。我想请这位在下课后能到我办公室来一下。"他说完便离开了教室，虽然他的腿有些跛，但步伐很刚毅。几分钟后，有人敲巴甫洛夫办公室的门，原来是班长阿布拉泽。

"请进来！"巴甫洛夫热情地邀请他，"我在等昨天给我写纸条，还送了我一包东西的人，也许他不会来，那你作为一班之长，就帮我查一下那个人是谁吧。"阿布拉泽非常不好意思，他低下了头说："是我，那纸条是我写的。"巴甫洛夫迅速站起来，向他走过去，并微笑着将双手放在他的肩膀上。

"谢谢你的关心。可是你怎么可以节省下自己的口粮拿来给我呢？你还只是个学生，物质上比我更加困难，现在就立刻把面粉拿回去，就在今天！"

"我就是想这样帮助你……"

"你从何断定我贫困？"

"现在凡是正直的人都贫困，而你是最正直的。"

"谢谢你善良的语言。你放心吧，我和我的全家生活得很好，再一次地感谢你。我恳请你把它拿回去，不然我要生气了。"

"好吧……"

"太好了，你热爱心理学。但是只有热爱还不够，你要毫不保留地将你全部的生命都奉献给它才行，只有这样，才会从工作上获得满足和喜悦。生理学作为一门应用广泛的科学，还有许许多多的东西有待于研究和揭示。而这其中最有待揭示的生命奥秘就是意识的奥秘。这是一个既耗时间又费精力的劳动，对此你需要有所准备，你做好准备了吗？"阿布拉泽用爱慕的眼光望着自己的老师，声音非常兴奋："我准备把生命献给科学！"

"这好极了，可面粉你还是拿走吧。"巴甫洛夫说。后来，当阿布拉泽加入到他们中来一起工作的时候，巴甫洛夫非常喜欢回忆此事，并笑着称呼他为"我们的施主"。

为了解决巴甫洛夫所有的困难，苏维埃政府作出决议。鉴于伊凡·彼得罗维奇·巴甫洛夫院士异常杰出的、对全世界劳动人民具有巨大意义的学术成就，苏维埃人民委员会决定：

1.根据圣彼得堡市苏维埃的报告，现成立一个拥有权利的专门委员会，由下列成员组成：马克西姆·高尔基同志、彼得格勒高等学校主管人克里斯基同志和彼得格勒市苏维埃管理委员会委员卡普隆同志；并责成该委员会在最短的期限内创造出最良好的条件，以保证巴甫洛夫院士及其助手们的科学研究工作正常进行；

2.委托国家出版社，在共和国最好的印刷厂，以精致的装帧出版巴甫洛夫院士总结其近二十年来科学成果的科学著作，无论在俄国，还是在国外，版权归巴甫洛夫本人所有；

3.委托劳动供应委员会为巴甫洛夫院士和他的妻子提供含热量相当于两份院士配给的特殊配给。委托彼得格勒市苏维埃保证巴甫洛夫教授和他的妻子对所住住宅的终身使用权，并为巴甫洛夫院士的住宅和实验室提供最大限度的舒适和方便。

人民委员会主席符·乌里扬诺夫（列宁）

莫斯科，克里姆林宫

1921年1月24日

# 4. 信仰

1921年3月的一天，窗外滴水成冰，融雪在阳光的照耀下闪闪发光，可是实验医学研究所里依旧寒冷。巴甫洛夫披着一件黑色的大衣，戴着一顶帽子，静静坐在里面，他正要接待两位来访的军人。

其中一位头发灰白、身材魁梧、步伐矫健、举止庄重，他便是斯卢霍茨基，以前做过将军，现在是彼得格勒军区炮兵司令的副手；还有一位年轻军官穿着短皮上衣，面容刚毅，挎着一支毛瑟枪。

"巴甫洛夫同志，也许你知道，"斯卢霍茨基说，"在今年的3月初，喀琅施塔得暴发了一次叛乱。因此，我们不得不采取一些迅速应急的预防措施和手段。军区的司令阿弗罗夫在最近紧急召开的一次会议上面决定，一定要保护科学院的院长卡尔平斯基同志，还有其他的一些院士，也包括你，巴甫洛夫同志，带着家眷离开彼得格勒，暂时安顿在十月铁路沿线地区。我们已经为你准备好了交通工具，安排了新的住处，但是不能排除叛乱分子炮轰城市的可能性。因此，必须考虑你们的人身安全。这只是临时措施，但是非常有必要。"

"首先，我对司令部的部署表示感激，"过了一会儿之后，巴甫洛夫又说道，"关于军区司令阿弗罗夫，我也听闻了一些他的事情，听说他十分人道处处搞慈善。但我不会离开彼得格勒的。战争就是战争，为什么要把科学工作者特殊对待？"

"不是所有的科学工作者，只是杰出的。"

"我天生是个乐观派，相信这会顺利过去的。"

他们一起走出了研究所。天气仍然寒冷，从涅瓦河吹来的风，刮起地上的积雪，将它们吹向墙根。斯卢霍茨基极力主张送巴甫洛夫回家，但他谢绝了。分手时，他再一次对他们表示感谢，说道："这些困难是暂时的，祝你们一切顺利。"

曾经有很多人，就是现在仍有许多人都关心一个问题，那就是：巴甫洛夫信不信上帝？这时候，有的人会说，他肯定也是相信上帝的。可事实却与之相反。首先是来自巴甫洛夫本人的证据。他一直矢志不移地坚持着无神论，而且不止一次对别人说过。还有就是在克列普斯院士的回忆录中曾经引述过巴甫洛夫关于无神论的见解。克列普斯以青年人特有的直率问巴甫洛夫："您是怎样做的？使纯粹的唯物主义和对上帝的信仰，还有信奉的教义之间共同存在又不相互矛盾的？"

巴甫洛夫义正词严地回答道："请认真听好了，亲爱的先生，有人说我也是信仰宗教、相信上帝、也去教堂膜拜，这些都不是事实，而是一些谣传。我是宗教学校的毕业生，和许多学生一样，从学生时代开始，我就是个不信教的无神论者。我根本不需要上帝，可是人如果没有信仰就不能生活，人必须信仰什么。布尔什维克，相信共产主义会给人类幸福，即使他自己得不到幸福，那就为他的子孙后代。

　　"这种信念给了他神奇的力量，让他忍受住了饥饿和寒冷，给了他英勇杀敌的勇气，给了他坚信世界革命胜利的精神，也给了他为了理想而贡献终生的决心。信仰同样也把力量给了信奉上帝的宗教徒，他们相信上帝才是世间的裁判，权力至上，公正仁慈。为了死后能升入天国，他们接受了神的力量——忍受苦难，广施善行。

　　"这种信仰支撑他生活下去，忍受痛苦和贫困。若是一定要认为应该有一种信仰，那么我的信仰应该就是坚信科学的进步一定能给人类带来需要的幸福，我也坚信人类的智慧及其最高的体现——科学，能够使人类远离疾病、饥饿和敌对，从而减少人们在生活中的痛苦。这样的一种信仰给了我，今后也将继续给我无穷的力量，并帮助我顺利进行自己的研究工作。那为什么会有人认为我是个教徒，也信仰宗教，相信上帝？那是因为我坚决反对迫害教会，反对对宗教的压制。

　　"我认为，如果还没有出现其他信仰能代替上帝，那就不应该剥夺对上帝的信仰。布尔什维克不需要信上帝，那是因为他们有了另一种信仰，那就是共产主义。科学的教育会慢慢给人们带来另外一种信仰，知识会让人们不再信仰上帝。受过教育的人有多少是信上帝的呢？（当然他们当中还有不少人是信仰的）我们应该给人民以启发和引导，让他们多多学文化，接受教育，关于上帝的信仰自然就会逐渐削弱……我认为事情是这样的，年轻人。"

　　"我既不去教堂，也不信上帝……"这是来自克列普斯的证明。他也是巴甫洛夫的学生之一，他在后来最终成为了最有成就的生物化学家和生理学家，并在苏联科学院的谢切诺夫生物化学和进化生理学研究所担任了多年的所长职务。但是巴甫洛夫也有去教堂的时候，因为人们偶尔会在在那儿见到他。"我有时会去教堂晨祷，"他对奥尔别利说，"首先，是为了去倾听优美的合唱，其次，是为了回忆童年……"

# 5. 高级神经活动

阿诺欣现在已经是尼热戈罗德医学院的一名教授了，他来到了彼得格勒，准备进行一次大手术，就在弗列坚教授的诊所里。

"啊，你能来真是太好了！"巴甫洛夫掩饰不住见到他的兴奋。"请坐吧，跟我讲一下你的研究工作进行的还顺利吗？"

"我是来向你告别的，巴甫洛夫。可能我们再也不能见面了。"

"出了什么事？"

"我不得不接受一次大手术，而且是上麻醉药的手术。"

"这也是难得的经验啊，阿诺欣，等事后你一定要仔细地回忆一下你当时的感觉。"

"什么感觉？"阿诺欣反问道。

"麻药的作用。"

"我现在无心想那个，说实话，我还不知道能不能再回来呢……"

"别想得太多了。你当然得回来，要不然我也就不会向你提出这样的要求了。你需要感受的是：麻醉的状态是如何开始的，被麻醉的主观感觉是什么样的，外界的刺激又是如何起作用的。这一点对于科学研究来说，是十分有趣和难得的体验。以前我在麻醉的状态下接受手术时，我也是认真去体会这些的。等你回来之后，我们好好分享一下彼此的体会吧。现在，让我们来讨论一下大脑皮层进入麻醉状态过程中相应发展的各种可能的机制。快坐下，请坐下，这会是一项很有意思的研究……"

阿诺欣的手术进行得很顺利，他出院后的第一件事就是马上向巴甫洛夫汇报他在麻醉后和完全昏迷之前最后一段时间的主观感觉。

巴甫洛夫对他的康复表达了由衷的喜悦之情，他全神贯注地倾听学生的叙述。听完后他说："你应该终生都对弗列坚教授心存感激，因为他就像你的重生父母一样。你写的第一本书也应该是献给他的。"

星期三，大家期盼着巴甫洛夫讲课，听他的课简直就是一种享受。巴甫洛夫每次都带给人们全新的内容。他精力充沛，思想别出心裁，总能吸引大家来参加讨论。他总是表扬"想象力丰富"的人，但这种表扬也有一个必要条件，那就是他们的想象必须是以现实为基础的。经常来听他讲课的大概有五十人。他每一次走进课堂都是健步如飞，精神矍铄，当时他已经八十岁高龄了，这样充沛的精力简直让人难以置信。

"你们看一下那只碛鹬鸟，我们刚搬到别墅的时候，已经是春暖花开的季节了，我就打开笼子，把它放了出来。可这个小坏家伙，自己又飞回笼子了。唉，这让我很生气。"

"这是你的错，你肯定对它进行过条件反射的训练。"玛丽娅微笑着说。

"哈哈你怎么知道？事实也是这样的。"巴甫洛夫说着自己也笑了。"因为平常，在房间里的时候，我总会放它出来让它自由飞，所以它就养成了习惯。"接着他又开始了另一个话题：

"不久以前我读了一本小册子，是一个精神病学家写的。内容我一点都没记住。我想可能是因为小册子没有事实，所以我才会忘得这么彻底。"

"的确如此，那些没有事实根据的理论让人记住太难了，"奥尔别利说。

"还有那些不是来源于事实的理论。"奇斯托维奇补充了一句。

"看看这群一意孤行的家伙们，"巴甫洛夫无奈地摇了摇头，"一点也不关心事实，只是坐在那里空想，不知怎么冒出个荒谬念头，就死抱住不肯放。见鬼，我忘记把那书带来了，没办法一起欣赏了。"

　　"你记得作者是谁吗？"奥尔别利问道。

　　"谁会用心去记这些人的名字？我看他们都是一丘之貉。他们都回答问题含含糊糊，把一切弄得神乎其神。像心理学家凯莱那样，由于存有这种龌龊的与真理背道而驰的倾向，所以总是会玩弄一些空洞的概念，例如什么大猩猩在出神，它在自由地思考问题，它很快解决了这个棘手问题。这纯粹是胡说八道，简直就是小儿科，不值得一提。这些都是从哪儿来的？都是从那些唯心主义的坚决拥护者们！"

　　"你们看看，谢灵顿积极宣传的那是些什么东西？'我们的智慧有可能和我们的脑子并没有什么关系。'哈哈，难道还会有比这个更啼笑皆非的说法吗？真的很难想象，他这样一个大科学家，在中枢神经系统生理学方面都很有研究的人，怎么又会滑入了纯粹唯心主义的泥淖。而且他竟然断言，心理活动和大脑的物质结构之间毫无关联，说心理活动并不是大脑活动形成的！这还不算什么，更让人吃惊的是，他还声明，'研究人类精神的本质对于人类是有害而危险的'。"

　　"我倒是很想知道，对精神世界的认识怎样才能够导致人类的消灭？我记得苏格拉底也曾说过：'要认识自我。'然而我们这位学者、伟大的神经学家却说：'不许你们去认识！'他还断言我们没有足够的依据认为'大脑与我们的智慧有某种关系'。"

　　他慷慨激昂地说了一大段，然后沉默了一小会儿，又接着说道："你们今天怎么不争论了？不发挥你们的想象力了，是吧？啊，我年轻时特别酷爱争论。常常不为什么就会和人争论起来，争论有时异常激烈。争论中我总能滔滔不绝，连我自己都觉得得意。

只要我认定一个理，九头牛也拖不走，真不知道这样的性格是如何形成的……现在还是不行了，老了。无论怎么说，这该死的衰老还是影响了神经系统。我想研究一下衰老问题，找些有益的结论。我一直研究的是神经系统，所以我也在不断地观察着衰老的过程给我自己带来的各种变化。最初的现象就是开始健忘，我想衰老首先表现出来的就是脑半球皮层反应迟钝……"

这时门被轻轻推开了，进来的是杰尼索夫。他风尘仆仆，刚刚从巴黎沃罗诺夫教授那儿回来。

"喂，怎么样啊？"巴甫洛夫迫不及待地问道。

"带来了。"

"啊，真是太好了！他带来两只猴子，从沃罗诺夫那儿。"

"罗莎和拉斐尔。"杰尼索夫说。

"罗莎和拉斐尔。听听这名字多么漂亮。那现在我们就开始研究类人猿的高级神经活动的特性。我相信人类的智慧一定将征服一切，我是说一切！"巴甫洛夫激动地说。

# 6. 学术之争

但是并非所有的神经学家都是他的同道。弗拉基米尔·米哈伊洛维奇·别赫捷列夫是俄国一位研究大脑的著名专家，他特别反对巴甫洛夫。而且巴甫洛夫在神经学方面可以说是贸然进入的，所以这就导致他们之间的争论不断地升级。巴甫洛夫一直研究消化系统，可他突然提出了研究神经系统的方法，还自以为是地以为这种方法是最正确的，也最普通，最可靠。

别赫捷列夫和巴甫洛夫是大学同学，他们曾多次一起出国。

别赫捷列夫是一名出众的神经学家，并在大脑结构方面有许多重要发现。他也曾对巴甫洛夫的条件反射产生过兴趣，甚至还在实验中运用过这个方法，然而在他那里，外界刺激产生的反应却是肌肉收缩，而不是分泌唾液。研究别赫捷列夫所说的这种"结合性"反射是相当复杂的，而且他做的无法像巴甫洛夫那样准确。但要让一个专家承认，一个半路出家的人取得了在他们奉献了一生的领域如此大的成果，还是不那么容易的。

在俄罗斯医师学会的会议上，巴甫洛夫一派和别赫捷列夫一派展开了激烈的辩论。别赫捷列夫无论是在气质上还是外表上，都是与巴甫洛夫截然不同的人。他语调从容，拥有标准的学者的外表，姿态有些傲慢，回答巴甫洛夫尖锐的反驳的时候，总是带着微微的笑容。这样更加激起了巴甫洛夫的怒气，他强忍着自己的怒气听对方的发言，偶尔也会用他那极富表现力的手势来活跃一下，弥补一下自己的默不作声。

刚开始，他抱着消极的态度，两手交叉在胸前："说吧，请说吧，我们认真听着。"后来他由于掩饰不住诧异而摊开了双手："事实在哪儿？"接着又是暂时的平静，双腿一抬，手扶着膝盖："恩，好，让我看看你还能有点什么能耐？"

突然，他十分用力地把手举了起来，用食指指着对方说："又在信口开河了，你说的完全不对，还是去一边儿待着去吧，因为我们的'唾液腺'可以证明！"他边说，边紧紧地握起了拳头。

"那你说到底是为什么，为什么我们所研究大脑高级部位的功能仅仅能限于你那唾液的条件反射？"别赫捷列夫不紧不慢地从台上质问道，"我抗议，我坚决反对你们这样的结论。动物的活动可以说是外界与其相互作用的最主要表现。至于你说的唾液嘛，那毕竟只是枝节，是微不足道的小事。"

"我们之所以牢牢地锁定唾液法，把它当做是研究大脑皮层的最可靠的方法。"巴甫洛夫立即跳起来反驳说，"这是因为唾液的反应能够非常容易地对一切及任何外界现象作出十分敏感的皮层反应……假如狗同样也具有人的语言，它也不见得能够比唾液告诉我们的更多。我们向动物提一个问题：'你用你的高级神经系统可以分辨得出八分之一音符吗？'我无法想象心理学家能够用自己的方法强迫它来回答出这个问题。能，我能分辨别出来，但是它用自己的唾液可以迅速并且十分准确地回答出这个问题，我们的'唾液腺'方法就是屡试不爽。"

"难道刺激和局部损坏大脑的方法不那么客观和使人信服吗？不那么确切吗？"别赫捷列夫尽量镇静地反驳道。

"但是您显然没有明白最主要的一点！"巴甫洛夫发怒了。"它们无法研究完全健康的动物皮层的正常工作！我作为一个生理学家，一个用实验说话的人，我要尽快摆脱这些无用的空话，转入正题。别赫捷列夫否定我们经过多次实验得出的结论，他认为，似乎一切条件反射的中心存在于大脑皮层的这个事实不可信。他们认为这种中心是我们凭空想出来的……那些在别赫捷列夫的实验室里做实验的工作人员，事实上并没有考虑到实验狗在手术后的情况。我一向不喜欢讲空话，所以欢迎你们拿出你们实验的证据来……"

尽管这次争论十分尖锐激烈，但关于研究动物中枢神经方法的争论并没有使与会者们分道扬镳，他们双方都始终坚持着唯物主义的立场。巴甫洛夫的一生都在和那些形形色色的唯心主义者做斗争，这斗争做得十分坚决，而且矢志不渝。

命运使他在英国和一个思想上的反对者查尔兹·谢灵顿相遇。用巴甫洛夫的话来说，这是一位"卓越的英国生理神经学家"，巴甫洛夫曾推选他担任牛津大学的教授和俄国科学院名誉院士。数年之后，在"星期三讨论会"上，巴甫洛夫还就谢灵顿写的《大脑及其机制》一文发言，他指出："……现在我要批判谢灵顿先生……他一生都是神经学家，研究了神经系统……一个把大好年华都献给了这一事业的神经学家，他直到目前还不相信，大脑跟智慧有关系……他确信神经活动似乎与大脑物质结构没有丝毫关系。大概，他是老糊涂了，丧失了正常的理性，否则很难想象这么一位大学者弄到只会唯心地胡言乱语的地步！"就是在十年或二十年之后，即使条件反射写进了教科书，人们仍然不会停止对它的非难。巴甫洛夫的反对者们或是否定他学说的基本理论，或是企图将发现条件反射据为己有。

在一次国际会议上，美国心理学家雷士里曾这样发言说："反射的理论是前进的障碍，反射理论没有解决意识问题。"

"意识是不可思议的，这就是他极力掩盖的主张。"巴甫洛夫愤怒地说。"尽管有些冠冕堂皇的科学依据，但到现在还有人认为灵魂永垂不朽，许多人也赞同此点，更何况教徒！""精灵主义者"是巴甫洛夫骂人用的绰号。在谈到法国学者皮埃尔·扎内时，他说："当然，他是一个精灵主义者，也就是说，他认为，存在着自然规律中所没有的一种特殊物质，这种物质不可思议……我把他作为一个心理学家和他进行大论战。"

在另一次"星期三讨论会"上，他反驳了别林斯基大学的教授凯勒尔。"凯勒尔是一个陷得很深的精灵主义者，他始终不相信实验在狗身上得出的结论。简直是痴人说梦！简直是发疯！"巴甫洛夫说着说着又来气了。"不承认在人和动物的行为中有某些相似之处，这真是荒唐！真奇怪，怎么能这样呢？而这个别林斯基大学的教授却在宣扬这些东西……不过也难怪，他本来就是在神学系讲授心理学的嘛！"巴甫洛夫本人非常清楚，在对待条件反射的问题上，许多人是持不赞成观点的。他需要在同形形色色的唯心主义者和教会派做的斗争中杀出一条路来。

这位老而顽固的谢灵顿活过了巴甫洛夫，1950年他为了重新宣讲他的关于灵魂不可知的妄语，又登上了国际讨论会的讲台："两千年前，亚里士多德提出了意识是如何依附在躯体上的问题，我们现在仍然要提这个问题。"

谢灵顿违背了真理。早在这以前，就有相当多的人知道思维活动或心理活动的中心是大脑皮层。随后那些年，科学家们知道了更多有关"灵魂活动"如何产生、受何种规律支配等详细情况。这些认识当然出自唯物主义的心理学家的结论，后者是敢于用现代科学方法去研究人的意识的。

但是，斗争到此还不算完。直到现在还可以听到一种议论，说什么条件反射只是具有历史意义，条件反射并不适用于心理学。这么说不对。条件反射是神经系统活动的基本规律，但并不是说条件反射就是大脑活动的全部。巴甫洛夫也并没有把条件反射视为摆脱一切苦痛的万应灵丹。他是这个原理的创始人和奠基人。

弥留之际巴甫洛夫曾经说过："我打从一开始就坚持认为，高级神经活动是生理机制的一个基本体系，只有当这一体系更加扩充和深入并由丰富的材料构成的时候，才可将某些主观现象纳入其中。这就是我心目中生理学与心理学的所谓合法联姻，或者说是两者水乳交融。"

# 7. 成功的手术

治病是他最不喜欢的事。"它自己会好的！"可它自己没有好。巴甫洛夫嘴上长了个疖子，还肿了起来。

"瞧，多讨厌的东西！我是不是很好看，啊？"

"我看这是一般的伤风感冒。"谢拉菲玛说。

晚上，外科医生——格列科夫教授突然来访。闲聊了一会儿，他说全家都到别墅去了，于是他"顺路来串门"。"如果可以的话，我明天还能顺路来这儿。"第二天早上他来了，晚上又光临了。为了这点小毛病，肿起了嘴唇，就不能去实验室，巴甫洛夫感到遗憾。"这样的一副嘴唇，不是要让人笑话吗？"

晚上谢拉菲玛感觉不对劲，就问格列科夫："格列科夫，你一天来我家两次，估计不是无缘无故的。肯定是有原因的……"

"是有原因。秋天我们医院新调来一位年轻医生，是个健康活泼的小伙子。他嘴上也长了疖子，便让我们看。我们外科医生进行会诊后，给他开了刀。可两个月后，他就死了。脸上长疖子竟然出现这样的结局……你要继续给他热敷，而且无论如何不要让他外出。"

这次巴甫洛夫总算顺利地逃了过去，可是并不是每次都顺利。一次他的肝区感到刺痛，然后就经常出现剧痛。在疼痛的折磨下，巴甫洛夫情绪很坏，也没精神，无精打采地坐在沙发上，忧郁地看着窗外秋天的落叶。

"真不凑巧，早点也好，晚点也好，但偏偏就在这时候，科尔图什正建生物站呢。真遗憾！"

"我去请医生，一切都会好的。"

"不知道会不会好，我有种不祥的预感。脑子里全是些稀奇古怪的想法，是不是因为现在的脑子太清闲了啊，玩一会儿'傻瓜'怎么样？"

"如果你想玩，我去把维亚日林斯基、卡缅斯基叫过来，他们来可以凑成一局。"巴甫洛夫活跃起来。

"去叫吧，不要去找医生。一会儿就过去了。玩'傻瓜'定在晚上9点。"

晚上，墙上挂钟的指针指向9点时，门铃响了。巴甫洛夫来到外屋。

"好样的！正9点！请到桌子那儿坐下吧。"

维亚日林斯基博士和药理学教授卡缅斯基来到挂着许多幅画的客厅。看到他们，巴甫洛夫非常兴奋，精神状态好多了。喝过茶，10时整，巴甫洛夫说："准备行动！"

这就是说，大家要转移到另外一张桌子上去，玩牌时间到了。

然而，喝热水也好，热敷也罢，玩"傻瓜"也好，都未能解除病痛。当时彼得格勒正在举行外科医生代表会议，格列科夫趁机邀请费多罗夫、纳帕尔科夫还有马尔登诺夫、罗扎诺夫为巴甫洛夫会诊。巴甫洛夫出来迎接他们。

"请原谅，我不能招待你们了。请宽衣，请进。各位请坐，请坐。会开得怎么样？有什么新的东西？"

"有趣的事儿太多了，"格列科夫回答，"可是，巴甫洛夫，我们这次来是有别的目的。估计你的手术很复杂，因此我们商量决定，请德国外科医生来给你做。"

"这是为什么？我根本不认为德国医生会比我们的高明。"巴甫洛夫立刻表示反对，"这里荟萃着我们外科医生的精华，我无论如何不能答应由德国医生来给我做手术，我明白，由我的朋友格列科夫、费多罗夫、纳帕尔科夫、罗扎诺夫做手术是不轻松的。你们的友好情感会或者说可能会影响你们。在给自己熟悉的狗做手术时，我心情很不愉快。你们不要忘了，这儿还有马尔登诺夫教授。关于你，马尔登诺夫，我听到过许多赞扬的话，今天是第一次和你见面，因此我请你来解除我身体内的隐患。"巴甫洛夫痛苦地皱了皱眉，"对不起，我现在站着都很困难。"他走到办公室，歪歪斜斜地，跛得比平时更厉害。

"我赞成巴甫洛夫的决定。"格列科夫说。

"我服从，"马尔登诺夫微笑道，"我是来参加会议的，却意外遇到了难题！"

于是，他们果断地将巴甫洛夫送进了奥布霍夫医院。为了安慰他，他们还在隔壁给谢拉菲玛安排了房间。在去医院的途中，以及手术之前，巴甫洛夫都感到精神很好，深信手术一定成功。

马尔登诺夫担任手术的主刀，助手是格列科夫和他在军医学院多年的同事费多罗夫。手术进行顺利，走出手术室，格列科夫很兴奋，赶紧跑到谢拉菲玛跟前，把一块鸽子蛋大小的石块给她看。

"一切都很顺利！"他说，"取出了这么一个小石块。我们六只眼睛查看，没有见到任何癌的征兆！现在只要恢复就行。"

谢拉菲玛激动地一下子哭了，她飞快地在胸前划了一个十字，然后紧紧握住了格列科夫的手。

"谢天谢地，太好了。不过不是我，你应该感谢的是马尔登诺夫。"格列科夫说，他的激动程度不亚于谢拉菲玛。

接下来的一段时间里，巴甫洛夫恢复得很快，这主要还是他自己的功劳。因为他平时十分注意观察自己，尤其是身体有不适的时候。

有一次夜里，他请求值班的医生为他端盆冷水。

"做什么用？"医生问。

"我从小都一直洗冷水澡，都很多年了。如果这一段时间不洗，身体会不适应，会影响我的健康的。请你帮我打吧。"

"但愿你不是打算洗澡吧？"医生略带不快地开玩笑道。

"你怎么啦？你以为我在说梦话？还是发疯？去打水吧。"水打来了，巴甫洛夫将一只手放在了水里。

"瞧，我要借点外力。你知道，我病得很虚弱，体重轻了一半，我甚至连说话都没有力气。我躺在这儿想：到哪儿去获取力量呢？外表皮层很弱，我得给它点外力，到哪儿去找呢？就在皮下。所有最强烈的情绪都和皮下神经有关。从童年时起我就和水、河流打交道。这就是一切。现在，我最强烈的情绪都是和水、和水的哗哗声、和水的形象有联系。"他用手在水里搅了一下。"还有温度刺激。瞧，这会儿我正借助外力：这种洗濯能刺激大脑皮层下面的神经，它们会不断刺激皮层。"

整个病程中，他一直坚持自我观察。有时候会有同事来探望他，大家都知道他喜欢鲜花，所以每次来都给他带花束。他却不乐意接受，说这是对生命的扼杀，他不喜欢枯萎的生命。于是大家就改送他盆栽的花。他让玛丽娅每天都要来看他，以便向她报告自我观察的感受。最后她写了一篇论文:《手术后的心脏神经官能(包括患者本人巴甫洛夫的部分分析)》。

在医院巴甫洛夫也会给病人们做报告。就在他出院的前一天,他给所有能自己行动的病人做了一篇报告,主要内容是关于医生、护士、助理护士为挽救病人生命的伟大而崇高的劳动。

"我向所有帮助我身体康复的全体医护人员致谢,如果没有他们的治疗,我现在也许已躺在坟墓里了。衷心地感谢医护界的全体人员。"在报告结束的时候,他深深地向大家鞠了一躬。

他兴奋激动的心情一直持续到回家以后。他的儿子沃洛佳迎上来,帮他脱掉了大衣。巴甫洛夫刚走进客厅就看见了费多罗夫、马尔登诺夫、格列科夫、纳帕尔科夫、克拉斯诺戈尔斯基几个人都在那儿。

他愉快地向大家问好,深情地握着马尔登诺夫的手。他满面红光,发自内心地高兴。然后他看了一眼墙壁上挂着的那些心爱的画。有的是作者的原作,也有的是画家本人的复制品,包括瓦斯涅佐夫、列宾、列维坦、苏里科夫、马科夫斯基、杜波夫斯基、谢罗夫、亚罗申科等。他脸上露出了十分明亮的笑容。

"活着是多么高兴啊!能看到这些鲜亮的色彩!"

此时,太阳透过云层,照亮了房间。巴甫洛夫清瘦的面孔显得异常明亮和欢快。

"好了,现在可以工作了!"巴甫洛夫说。

"不行,现在还有点为时过早了。"格列科夫马上在他洋溢的热情上泼了一盆冷水。"巴甫洛夫,你得去卡尔斯巴德休养一段时间,3个月吧。那时你大概才能彻底恢复健康。"

"3个月?不,这行不通!我已经损失掉多少时间了。我有极重要的研究,而且在科尔图什还在建设实验室。"

"你一定得去。"纳帕尔科夫严厉地说。

"没有必要!"

"不要再任性了，巴甫洛夫。你需要去，必须去。不然还可能有续发症。"费多罗夫跟着说道。

　　"唉，亏你们还是教授，难道不明白，现在对我来说，最好的药物就是工作。真的，研究工作者毕竟比实践者高过一百个头！"

　　"随你怎么说，但是该去的时候你还是非去不可。"马尔登诺夫笑笑说。

　　巴甫洛夫无奈地看了他一眼，说："好吧，我去，不过这只是因为，可以说，是你救了我的命。但是我不可能待三个月，只去一个半月，不然的话我就不去。"

　　"那好吧，好吧，我们只能同意，"格列科夫着急地叫了起来，"不然的话，你真的可能会不去的。"

　　"请大家到桌旁就座。"谢拉菲玛热情地邀请大家。

　　于是在那个夏天，巴甫洛夫在卡尔斯巴德待了一个半月。那里气候舒适宜人，巴甫洛夫每天自己散步、洗冷水澡，身体恢复得很快。他的身体也日渐强健了，所以按照约定的日期顺利出院了。


# 8. 高尔基来访


　　1931年的冬天，巴甫洛夫坐在家里的壁炉前。这时，"铃铃铃"，电话铃响了，巴甫洛夫拿起了话筒。电话是高尔基打来的，要求和巴甫洛夫见面。

　　"太好了，我随时都很高兴见你。"巴甫洛夫回答。

　　高尔基身体不怎么好，经常生点小病，他来到了巴甫洛夫家。他在客厅里来回踱着，一会儿看看墙上挂着的画，不时还咳嗽几声。在客厅的正中间挂着的一幅是瓦斯涅佐夫本人制作的《三勇士》的复制品。他又用目光找寻他的藏书，没有发现，书全在办公室里。

"巴甫洛夫同志，你还记得我们十年前的那次会面吗？当时我们的谈的是干草、木柴，现在你还感到生活中缺少什么吗？"

"什么也不缺，谢天谢地，一切恢复正常，困难好像已经过去了。"

"巴甫洛夫同志，你不得不承认文学的作用吧？"

他们面对着面坐在客厅的藤椅上，巴甫洛夫的两个儿子坐在他们的旁边。

巴甫洛夫对高尔基眨眨眼，大声笑道："每个科学家都读文学作品的，我当然在许多方面都是得益于文学的。可是你们这些作家先生们，很少光临我们的实验室。"

"我显然是个例外，毕竟我还是到你这儿来过。"

"哈只有十五分钟！实话讲，我也真是够呛！虽然当时有这个可能，可我还是没见过托尔斯泰，这真是一件让人遗憾的事啊。全世界的公民都知道，他可是最伟大的天才！那时，我除了实验室，对什么都没兴趣。到后来，我有机会结识了一些有意义的人。特别是现在，当我开始了解人的神经系统时，认识的这些人都非常有意义，特别是，他们能给我提供极其重要的资料……托尔斯泰被他们开除出宗教，我十分气愤。真是太不可思议了，居然把这么一个天才人物革出教门！"

高尔基特别看了看他："在当代作家里，谁使你感兴趣？"

"我最喜欢库普林的短篇小说《生命之河》。当时因为我考虑很多关于目的反射和自由反射，库普林形象生动地描写了一位收到良心谴责的大学生的自杀过程。死者在留下的遗书里写得很清楚，他是那个不得不寄人篱下的母亲身上遗传下来的奴隶心理反射的牺牲品。如果他能够知道这一点，那样，他也许就能在一个合理的范围内谴责自己，再者，他也能够采取系统措施发展自身对这种反射的扼制功能。"这时，高尔基再一次环视了一遍墙上的画。看来他对谈论的这个话题失去了兴趣。

"我以为到学者这儿来，一定会看到各种书，可你这儿，画却是无处不在。"

"这是我的爱好。在这之前我还收集许多其他东西，现在我收集画。一个收藏家可能会被人取笑，甚至成为罪犯，能够挤掉自己对其他基本东西的需求，只是为了一件又一件地收集珍品，而通常是永远也收集不全的。因为收藏对象是无穷尽的：可以收集高级生活用品——善于生活的人这样做；可以收藏各种法律——这是有国务活动才干的人做的；收集知识——有教养的人喜欢这样做；可以收集科学发现——学者这样做；积累善行——道德崇高的人则喜欢这样做。"

"根据你的这番话，巴甫洛夫同志，我看到，你特别重视人的个性，或许你会同意，人就是一切，而一切也必须属于人。"

"我的说法不同，"巴甫洛夫很快表示异议，"人的幸福存在于某种自由与纪律之间，没有严格纪律的自由，没有自由感情的原则，就不能造成完整的个性。需要某种中间的东西。"

"我认为，巴甫洛夫同志，只有一种观点是公认的：真正的人，大写的人，只有在那时才能造成，那就是，既没有荒谬的思想，也没有阶级的、民族的或其他情感来妨碍他的能力和才干，来妨碍他们的自由成长……难道你不同意，我们应该在群众中教育、培养对知识的渴求吗？这种渴求应该像，比如说，人类延续后代的本能一样强烈。"

"不错，这点很清楚，很清楚。照我的说法，在我们的生活层次里应该发展目的反射。是啊，什么时候生命便会失去吸引力，失去价值呢？就是当人失去目的的时候，一个人失去了明确坚定的生活目的时。我们在各种自杀者的遗书中能看到什么呢？都是一种内容：他们厌倦了生活，生活没有了目的。自杀者的悲剧就在于他的目的反射在短时间内受到了抑制……那么要让这种目的反射表现出来，究竟需要什么呢？当然需要不断强化这种目的反射。"

"可是，巴甫洛夫同志，难道你不同意，为了让目的反射表现得最好，为了让它去实现更加崇高的目标，不能局限于获得一片面包，为此必须要有适当的环境吗？当然，这些环境只能由人们自己去创造。于是人们就立志创造一切环境使目的反射可能朝向伟大的事业和宏伟的思想。"巴甫洛夫向高尔基弯了弯腰。"当然，这话有

一定道理。你不会反驳的：懒惰、无进取心，对事业漫不经心常有所见。是的，是有的！看着他们不好受，心里很沉重！我为此很难过，常常感到难过。如果你的同事懒惰，处于可怕的冷漠状态，没有任何追求，那简直是太可怕了！这是事实，这是很坏的习惯，也是农奴制的劣根性。农奴制将贵族老爷变成了寄生虫，使他的目的反射迷失了方向。农奴制把农奴变成没有任何理想的消极生物。"

"说得好，好极了，这就是一切的根源……"

"等一等，"巴甫洛夫打断他的话，"也许这是幻想，"此时他的手指交叉在一起，这是他要产生重大的思想时的表现，"谁知道呢，可是我似乎看到了一种前景：破坏了的食欲，破坏了的营养过程，在细心照料下是可以恢复的。对疲惫了的目的反射也可以这样去恢复。"

"如果我们每一个人，"巴甫洛夫继续坚定地说，"都去珍惜这种反射，自己生命的这种最宝贵部分，如果父母和所有的教育工作者把在群众中巩固和发展这种反射作为主要任务，如果我们的社会和政府为实现这一反射开辟广阔的途径，那么，我敢保证，根据我们历史生活上的许多事实和我们的创造力得到蓬勃发挥的时期判断，我们就会成为我们应该成为而且可能成为的那种民族。嗨！这太好了！啊？我相信这一点！"巴甫洛夫使劲用拳头一击。

"好啊，你讲得太好了……我真没有料到……你真是激情满怀！"高尔基一挥手，微笑了一下。"经常是这样，我们两人从不

同的角度谈一个共同的问题……"

"你想说什么？"

高尔基眉头微微一挑，神情严肃，拉长着音调说："嗯……啊……我想引起你注意的正是这个问题。当然，当然啰，首先要创造一个基础，能让一代新人顺利成长。要知道，卑鄙不是天生的，而是卑鄙的社会造就的。通过革命，我们创造了这个基础，在成千上万个建设工程中，上百万人得到了锻炼改造。因为我们的祖国是一个产生天才的丰富源泉！"

巴甫洛夫在椅子上挪动了下，显得有些不耐烦。"国家不是由机器，而是由人组成的，这一点很清楚。为了有利于国家，公民应该具有基本的高尚情操。只有那些立场坚定、信仰毫不动摇的人，才能给祖国做出贡献。"

巴甫洛夫朝办公室一挥手，"我读了苏格拉底的传记。他确实具有坚定的信念。就像你欣赏的那样，他克服了死亡的恐惧。当他被判处死刑时，他却说得非常轻松：如果阴间存在，他将在那儿愉快地和荷马见面。大家都知道，苏格拉底可不是个平凡人物，他本来是能轻易逃生的，可他却留下了，自己去接受了死刑。读起来真有味道！这才是人！"说完这些，巴甫洛夫沉默了，好像出神沉思。高尔基也沉默了，好一会儿才继续说道："在你的话里，好像是在维护个人主义。或许我错了。可我对此已经习惯了。因为，好多知识分子的书信让我费解。那些知识分子不仅善于而且还很喜欢多愁善感。这些人不去为反对艰苦的生活条件而斗争，不去切实地做贡献，而是逢人便抱怨。而你总是以你的勇气和毫不动摇的精神坚决捍卫自己的观点，这让我特别钦佩——你不讲空话。"

巴甫洛夫想说点什么，但高尔基抢在了他前面说："请让我说完。你也许不止一次说：这些布尔什维克呀，完全把个性扼杀了，让人没法呼吸！据我看，你是混淆了发展个性和个人主义的区别。比如说，难道有谁限制了你的意志、你的追求吗？劳动与科学——

143

世界上没有比这再高尚的了！"高尔基眯缝着眼睛注视着巴甫洛夫。巴甫洛夫也凝视着他，似乎想进一步认识面前的这个人。

"噢，这仍然是个问题。要看从什么角度去看，"他单刀直入地说，"我一贯认为，勇敢的、有才干的人是推动世界前进和发展的动力。那些有坚强意志的人，一般来讲是一些出类拔萃的人。但是，如果去妨碍他们，使他们成为平庸的人，那会是什么结果呢？那你只会毁掉他们。"

"试想一下，让普希金根据已经规定的内容来生活和写作，那会是什么后果。虽然我不是内行，我对写诗几乎是一窍不通，但我想，那样的话，普希金也会枯萎。一个有才华的人，无论是在什么时候，什么地方，都会闪闪发光的，只要不去妨碍他。"

"关于你们想要帮助弱者，这毫无疑问是件难得的好事，但是我认为这种帮助不能过分。一旦他有能力站起来了，那就让他自己飞，给他自由，让他去实现自己的创造，去做更多的有意义的工作，去发展。"

巴甫洛夫一口气说了很多，当他停下来时，高尔基马上说："呵，看来这还是维护个性发展的问题。但是你要知道，我们也正是为了要更加充分、自由地发展这些新人的个性，为了创造一些条件让他去施展个人的才华，但我这里指的是'新人'而不是任何人。而所谓的保护每个人的个性，或者保护任何一个人间造物，那就另当别论了！说实话，宗教在这方面是不遗余力的。请你原谅我的冒昧，巴甫洛夫同志，我还不是十分太清楚你对宗教的看法……而且关于你对宗教的观点听说也是充满矛盾的。可是……"

"这个嘛，一切都简单明了，没有什么可伤脑筋的。确实，就这个问题许多人向我纠缠。有一些普通的人，也有神甫向我提这样的问题，也有一些国外的人写信来询问。我想，这也正说明，还是有很多人对我抱有一线希望的。我可能让他们失望，但我要凭良心说话。当然，童年时期我有过的信仰现在失去了。这到底是怎样一回事呢？也许很难用语言来说清楚。我崇拜莫列绍特、福赫特，然后就醉心于自然科学，整个一生就奉献给了这个领域，一直在和物质打交道，所以实在是没有什么时间来考虑了。"

"我十分理解你，虽然你不信教，但你会尊重别人的信仰。"

"对，对，你的说法很恰当。尊重，这是关键所在。信仰，也是有待于研究的一个问题。因为信仰归根到底也是大脑活动发展的结果。"

高尔基有一次看向墙上的那些画，巴甫洛夫发现他在看那些画后就说："我最喜欢写生画，因为我能够理解生活场景。你看那些，我虽然见过成千上万数不清的狗，可却无法给孙子画出狗的大致轮廓，我画得既不像猪也不像牛。"

巴甫洛夫又指着茹科夫斯基的那幅画说："我也喜欢这幅。你看，一切都是那么自然，房子，还有敞开的窗户，寂静的小树林，真是太美了。还有这边的一幅，"他指了指别杰夫的画《管家和小丑》，"看，管家的腋下夹着一只木桶站在那里，小丑在旁边默默地献殷勤。是的，正如你看到的那样，管家是主人，小丑是要服从于他的。但是小丑更靠近老爷，所以老爷也是要考虑他的意见的……"

"你知道，我有我自己的审美观点。有的画家会嘲笑列别杰夫，说他的画一文不值。可是我喜欢，因为它们朴素、现实。还记得一次展览会上展出过列宾的画《耶稣与撒旦》，我不懂，也不喜欢。因为那是象征、寓意，不是现实，不直观。"

"我非常同意你的观点，巴甫洛夫同志。虽然两千年来，关于形式的意义，一直是争论不休的，然而对我而言，这个问题却是毫无疑惑的。我一直坚持认为所有一切的表面装饰、一切花里胡哨的东西都是为了达到一个目的，那就是掩盖空虚……对于列宾你是怎么看的呢？"

"你说的没错，列宾！列宾可以称之为绘画界的托尔斯泰。他能够准确地理解人丰富复杂的内心感受。再来看一下马科夫斯基，他的作品中一些重大的题材表现得有些做作过头了，可是一些细微的题材则表现得十分微妙。马科夫斯基可以说是绘画方面的契诃夫……你看，"巴甫洛夫越说越活跃，"这一幅是我个人非常喜欢的，"他回过身指着那幅瓦斯涅佐夫的《三勇士》，"瓦斯涅佐夫用画笔成功地塑造了三个有血有肉的人物。伊里亚·木罗梅茨内心沉着、稳重，他审视着敌人，是为了最后奋不顾身地冲上去。多勃雷尼亚·尼基季奇则易于冲动，他毫无想法地急于投入到战斗中去。阿廖沙·波波维奇，他意识到了危险，并在认真思考着怎样才能更好地脱离目前的险境。"

"再说句题外话，他不仅机敏，而且还是个多情种，因为他手上戴着一枚戒指。这三位俄罗斯的勇士啊！俄罗斯！啊？他们三个是我们民族的理想。木罗梅茨使我们的疆土免受鞑靼人的蹂躏；多勃雷尼亚赶走了巴图尔，捍卫了我们的领土，阿廖沙征服了图加林·菲梅耶维奇，那支亚洲的游牧民族。你敢说这不是代表着俄罗斯人民的理想——和敌人英勇斗争，不允许敌人的侵犯，啊？"

高尔基接他的话说："这一点充分说明，为什么我们的人民那么爱戴你。因为人民本能地认为你是自己人，无论是思想还是骨子里都是自己人，你是为自己的国家而生的。"

送高尔基离开时，巴甫洛夫看着他簇新的皮大衣笑着说："你还很年轻啊，我们相差有二十多岁。我一年四季都会穿着现在这件笨重的大衣……今天我们见面的时候争论了一番。然而我们的收获却是迥然不同，这真是一件奇妙的事情啊。我是研究生物学的，我会从我的方向找原因，而你则会从某些社会化学里面找原因。"高尔基深深鞠了一躬，然后与巴甫洛夫握了握手，郑重地和他道别。

高尔基离开以后，巴甫洛夫回到了自己的书房，坐在还留有余热的火炉旁边。写字台上的台灯发出朦胧的光，照着挂在墙上的路德维希、海登海因、哈维和格里姆戈里茨的肖像，在不远的书架上，放着门捷列夫的一个半身雕像。

第六章　生理学家的晚年

天才就是把注意力集中在所研究的那门学问上的最高
能力。

——巴甫洛夫

# 1. 诗人的气质

　　科学工作对于巴甫洛夫来说，不仅仅是一种不容推脱的义务，
更是他一生兴趣、爱好及终生的事业所系。而且，巴甫洛夫是一个
热血澎湃、性格活泼、广泛交际的人。因此，他习惯按照一种工作
节律来工作、生活，亲手为自己制定制度，并严格恪守之。

　　他的助手彼得罗娃曾写道："他的一生都贡献给了科学事业，
他最爱自己的科学，他自己的生理学。"巴甫洛夫关系最密切的学
生之一斯佩兰斯基院士也同意她的话，他说："他根本用不着再找
其他的什么消遣来打发时间。因为无论是他智慧上的需求，或者是
情感上的需求，这些都能够在科学上得到满足。他不会轻易动情，
因为这会扰乱他清晰的思维，影响他思考问题。"

　　但是他不仅仅靠冷静的理智来探索科学真理。离开他去搞"物
理生理学"的萨莫伊洛夫回忆道："他有一种直观才能，以及在复
杂的反应与机体对比领域中摸索和积累真理，并逐渐成长的才能，
可以说，他是世界上唯一一位具备超直观才能的人。"

　　然而，逻辑将永远作用于科学家，而诗人只是直观吗？要知
道，伟大诗人歌德在他的诗歌创作中说出了科学思想的萌芽，后来
达尔文详尽地发展了这一思想。法拉第是一位伟大的物理学家，他
对物理现象的理解主要是靠直接对现象的"观察"，而不是靠书本
知识。因此，他所发现的定律是以直观的形式找到的。

　　无论是科学家，还是艺术家，同样需要幻想和直观，正如情

感和理智不能被分割开一样，巴甫洛夫有时候会明显地表现出他的这种"诗人的"气质。他，跟法拉第一样，可以抛开一切的世俗偏见，而且在任何情况下都能够抛开已经被公认的学说去观察和实验，用自己的洞悉一切的目光观察着四周的世界，还会用自己独特的方式学习到生机盎然的大自然带来的启迪。

巴甫洛夫对生活，以及对科学研究都十分着迷，他总是很乐观，把实验室沉闷的气氛调节得异常活跃。比如说，等待实验结果是一件既枯燥又紧张的事情，于是他就能想出一个消遣的办法：他给每个人发一张纸，然后叫每个人在纸上写出各自所猜想的实验结果，并交三十戈比，奖励给猜中结果的同事。结果比赛场面异常活跃，其他实验室的工作人员也被吸引了过来。

巴甫洛夫本来就很热衷各类比赛。对于他来说，没有一次又一次超过比自己年轻的对手更为满意的事了。采蘑菇时也要进行比赛，比赛看谁采得多。巴甫洛夫在多年和安德烈·谢尔盖耶维奇·法明岑教授的比赛中总是胜利者。有一次，巴甫洛夫似乎就要输了，他第二天就将要去圣彼得堡，这时法明岑到他那里，告诉他自己最后一次采了一百个蘑菇打破了纪录。巴甫洛夫可不愿意就这么轻易认输。

于是他去车站退了火车票，把行期延迟了。然后巴甫洛夫教授就心安理得地去森林里面采他的那"一百零一个"蘑菇了。如果在森林里他采的蘑菇总数，不能超过法明岑的纪录，他便没有办法安心去圣彼得堡。不管在什么情况下，他都能弄出个比赛来。

他当上了科学院的院士之后，曾经跟接送他的"福特"牌汽车的司机比赛：在双方都准时到达的情况下，看哪个人掌握的时间更加精确。巴甫洛夫每次都会提前一分钟站在研究所的门口等他的司机波特金到来，而波特金呢，总是把车开到研究所的预定时间稍微提前一点，然后将车型稍大的小轿车藏在墙角，这样，当巴甫洛夫掐着手表准时出现的时候，他便发动车子，开向门口。看到司机准点儿到来，巴甫洛夫笑着用手指弹一下表盖，微笑着满意地坐进汽车。

即使是休息，巴甫洛夫也十分认真，他会像做工作时一样的心无旁骛。有一年的夏天，他连续三个月几乎什么都没干，他打趣说："这应当也叫'条件反射'，每年夏天都要休息休息。"巴甫洛夫会经常从海边的陡岸上捡来一些新鲜的沙子，铺在花园弯曲的小径上。

谢拉菲玛也说："他是真正地发自内心地热爱一切工作，他对做一切的工作都是兴趣十足的。在我看来，工作时间是他最愉快的时间，他的一切幸福都包含在了工作里面。"

而巴甫洛夫自己却说："在我的漫漫一生当中，我对脑力劳动和体力劳动都十分喜爱，如果非要比较的话，我更喜欢体力劳动多一些。特别是当手脑并用的时候，可以理解为，劳动后的那种成就感，让我很幸福。"

巴甫洛夫的大脑总是很忙，他有时候会由于不停歇地思考问题而感到疲乏。这时他会有点遗憾，自己要是有点绘画的才能就好了。要是可以用绘画来摆脱脑子里的一团糨糊，使大脑得到片刻的休息，那该多好。他对自己只有科学家的才能而感到不满足，他还需要一点艺术家的天赋！

# 2. 业余爱好

巴甫洛夫的业余爱好十分广泛。他喜欢做实验，研究科学，喜欢做体力活儿，但无论是哪种爱好都很投入。

他可以说是一个地地道道的昆虫学家，他常常亲自看着蝶蛹孵出蝴蝶，因为他很早以前就开始收集蝴蝶了。

巴甫洛夫总是很遗憾自己不能拿起画笔作画，因此他就把这一爱好体现在了他对诸多名画的收集的癖好上，科学院的大厅里，从四周的墙上到天花板上都是名家的画：谢罗夫、瓦斯涅佐夫、列宾、列维坦、苏里科夫、马科夫斯基和其他一些优秀画家的画。这些画作有的是大师们的原作，有的则是原作的临摹作品。巴甫洛夫总是喜欢长时间地认真观赏这些大师们的画。

　　有一次，他生病了，卧床休息了好久，他就请人把墙上的某一幅画摘下来放在他病床边的椅子上，这样他就可以在近处欣赏这些所熟悉的画作。他尤其喜欢列宾的《没有料到》《金色晚秋》和列维坦的《在永恒的宁静下》，并且因为喜欢画从而结识了列宾。他对列宾总是赞不绝口，"列宾可以称为是绘画界的托尔斯泰，他能够在画作中表达出人内心的强烈感受。"

　　巴甫洛夫喜欢看画，自然会对每一次画展的开幕都迫切地期待着。每次遇到画展，他都要反复去看上好几次。他对于那些画作不仅仅是欣赏，更多的是在认真研究每幅画作，他也从不回避对于新作品的评价。这充分说明巴甫洛夫的卓越才能不只是在科学方面，在领悟和研究绘画方面更能表现出他的智慧。

　　随着巴甫洛夫的出名，人们开始给他画像、塑像。曾经给他塑半身像的雕塑家科年科夫当时在美国，他在那里见过很多次巴甫洛夫，并给他塑像。

　　很多年之后，当科年科夫回到祖国后，他接受采访时说："伊凡·彼得罗维奇非常直率，他从不掩饰对于巡回展览派的艺术家以及古典俄罗斯圣像画家的好感，还有他作为文艺复兴时期作品的大鉴赏家，对人类艺术的大师蒂齐亚诺赞不绝口。他曾慷慨激昂地断言文艺复兴精神将会是永远不熄灭的神圣精神，当然，对于艺术中那些有瑕疵和颓废派的作品，他也总是言语犀利、诙谐幽默地进行批评。"

　　画家涅斯捷罗夫创作了一系列巴甫洛夫的写生画像，事实上，正是因为巴甫洛夫才促使他成为了一名肖像画家。刚开始时，涅斯捷罗夫并没有想到会真的画巴甫洛夫，但他还是鼓足了勇气去彼得格勒找了巴甫洛夫。为他开门的是谢拉菲玛，然后巴甫洛夫突然出现在她的身后，巴甫洛夫在画家还没有来得及向他问好时就开始大声说着欢迎的话。

闻名遐迩的科尔图什刚开始兴建，在彼得格勒郊外的科学城中，巴甫洛夫在自己钟爱的天台上接受画家给他画肖像画。

关键是要使这位即使已经八十六岁高龄却仍然活泼好动的老人安静坐下来是有点挑战的。画家知道他热衷于工作，就灵机一动，让助手给他汇报手头的工作，巴甫洛夫教授坐在桌子旁边，一边听助手汇报，一边提出问题。但是这样的静态也只持续了很短的时间，他们之间的交流自然而然地变得活跃起来。

巴甫洛夫在说话时有一个习惯，他经常会用拳头轻轻敲打着桌子。画家就根据他的这一习惯性的动作，成功地为巴甫洛夫塑造出了他特有的形象：巴甫洛夫打着一个独特的手势正在向他面前的一个看不见的交谈者讲着什么。两个人中间放着一盆花，这是一盆植株矮小、洁白素雅的花，传说是"新娘服"的花。原意是想摆巴甫洛夫自己所钟爱的浅紫色的紫罗兰，但由于紫罗兰的花株太高，会挡住他的脸，所以换了其他。

肖像画完成后，大家都认为，巴甫洛夫的这幅肖像画最为成功，它栩栩如生地反映了这个活泼好动的老人的气质，而它是在巴甫洛夫溘然长逝的前一年画的。

他从来都不像一个老年人，无论是哪个青年都会羡慕他的旺盛的精力、和他用不完的热情。这位研究所击木队的常任领队，在他七十五岁高龄的时候，从他助手那里领到了"击木游戏健将"证书。大概过了十年以后，他因为大腿骨折腿有点瘸，但他行动矫健，眼神很犀利，击木时他的左手仍然充满力量。

巴甫洛夫不仅爱好广泛而且也是多才多艺，他的性格也是十分开朗火爆。他的妻子谢拉菲玛与他朝夕相处了大概半个世纪，比所有人都了解他的性情。她把巴甫洛夫的这种非凡的性格称为"一团火"。

# 3. 俭朴的生活

皇家军事医学科学院里有一条不许更改、必须绝对执行绝无通融的规定：在教授参加工作二十五年后，就要被解职，如果有十分特殊的情况，这个期限最多也只能延长五年。

所以，在1905年巴甫洛夫被军事医学科学院解职了，但是"对于俄罗斯土地上伟大的生理学家"却做出了从来没有过的例外决定，科学院会议提出了"关于保留巴甫洛夫教授的申请"，允许巴甫洛夫自己决定任职的期限。

这样一来，巴甫洛夫顺理成章地成了"终身教授"，他开始了更加深入和广泛的研究。科学院在罗曼斯基胡同建了一所漂亮的二层楼房，作为他研究室的新楼。这座以现代科学方式建造的楼房，布局合理，有宽敞的前厅，朝南的窗户和宽阔的楼梯，实验室、手术室都安排在二楼。巴甫洛夫办公和教学的地方也在二楼。手术室的两侧墙壁上几乎全部镶满了玻璃。院子里建造了大饲养室，整栋楼看起来气势非凡。

巴甫洛夫的办公室里挂着一张他妻子送的"俄罗斯生理学之父"——谢切诺夫的大肖像，这是他屋里最好的装饰了。由此可见，这是一件非常珍贵的礼物。

改建后的生理研究室不论是工作水平还是装备，在欧洲都是首屈一指了。关于它的先进性这一点，欧洲科学家们都承认。然而，巴甫洛夫并不满足于已取得的成绩。他的思想是超越现实的，他想建立的实验室是一个完全独特的，实验所使用的动物之间完全隔离。这样可以分散它们的注意力，摒除不利于形成条件反射的噪音、音响以及与之无关的气味。

但是，皇家国库不愿意再在这项工程上投入大量资金了，而发起者奥登堡斯基公爵又总是担心这工程会影响他的研究所的风景。最后，在巴甫洛夫的极力劝说下，督学公爵被说服了，但是钱呢？仍然没有着落。于是巴甫洛夫决定向促进科学实验成果慈善会请求物质帮助，这个组织是由列坚佐夫商人的遗产设立的。

为了他所挚爱的科学，而不是为了他的一己之利，巴甫洛夫不顾一切地采取了行动。他参加了促进科学实验成果慈善会的会议，并且在会上作了慷慨激昂的发言，对建立这样新型实验室的必要性作出了明确的阐释。经费没过多久就拨下来了，这个被人们称为"静塔"的实验室工程在缓慢的进程中，最终开工了。

修建隔音实验室是巴甫洛夫多年以来的愿望，现在终于如愿以偿了，这让他非常高兴。实验室是一栋三层的正方形楼层，在它的四周有一条深深的壕沟，为的是使房屋的墙不受"来往的车马、汽车"引起地面震动的影响。

每一层都有四个独立的房间，内部是个十字形的楼道。在主楼的两侧呈对称状的左右两个拐角的塔楼，通向院子的出口和通向每一层的楼梯都设在里面。每个独立的房间都与十字形的楼道相连，而且和塔楼也是相通的。楼房的上层和下层中间有一个没有工作室的层面将它们隔开，这样一来，每个房间就都有了各自独立的入口。

"静塔"共有十一个实验室，每个实验室的一个角落里都有用特殊的隔音材料建成的小房间，这是实验时动物的房间。人们则可以在外面的屋子对其进行观察。实验员可以从一个专门的操纵台上向动物发出声音或者是光的信号，同时还可以从一个小窗口观察实验狗的活动，而狗却是看不到实验员的。因为狗被非常严格地隔离，杜绝任何与之无关的干扰，观察者本身也是被隔离的。

"静塔"在苏维埃政权成立后，才最终顺利落成。但是这个组织捐助的钱最多能支付三个隔音室的费用。恰恰就在这时，巴甫洛夫当选了俄罗斯科学院的院士。由于巴甫洛夫加入了科学院院士的队伍，并成为其中的一员，这当然也是科学院的自豪。

院士委员会的推荐书上是这样写的：科学院在全体会议上一致通过院士委员会向我们推荐的巴甫洛夫教授成为科学院院士的意见。但几乎没有人知道，巴甫洛夫先向科学院开了条件：给"天才的年轻工作人员"泽列内支付工资补贴，这人是他推荐参加科学院实验室工作的。当时实验室的经济条件非常艰苦，如果拿不到津贴，生活根本无法得到保障。

巴甫洛夫尽管已经被选为科学院院士，但是他的生活方式却没有受到丝毫的影响，他仍和和往常一样，步行或者是乘铁轨马车到他上班的三个不同的工作地点。

随着科学的日新月异，当时的铁轨马车后来被有轨电车所取代。巴甫洛夫乘坐铁轨马车到军事医学科学院。去实验医学研究所就再换乘另一路铁轨马车，中间经过石乌大街，然后再步行去土奇科沃滨河街。

不管是实验室的助手还是学生，只要有事求教都可以去他家找他。如果你是来串门的，那你就登错门了，因为他只有在节假日里才会接待客人。如果你是有事去找他的话，他会热情地欢迎你，并会请你喝茶，还会有一些好吃的小点心。

除了挂在墙上的画之外，巴甫洛夫的家里几乎没有什么贵重的财产。放眼望去，只有一个书架，一个老式的橡木橱柜还有几张看起来十分笨重的铁床。他衣着十分朴素，半点也不讲究，他最讨厌那种油光满面故意显摆的贵族作风，他一直保持着刚从梁赞来到彼得格勒时的那种普通知识分子的打扮。

巴甫洛夫对所有的物质困难都毫不介意，战争造成的破坏对他的影响也无非是使他感到没有人来做实验，因为大批的工作人员都到前线参加战斗去了。而且实验用狗根本就找不到，这是多么令人懊丧的事啊！有那么多的事情要做，时间就被这么白白浪费掉了。

实验室里没有木柴，取暖首先就成了问题，于是他只好在屋里也穿着大衣，戴着他的帽子继续工作。经常会停电，那他就借着月光来做手术。如果家里没有了粮食，他就和其他同事一样，在实验医学研究所分给他的一块田地里面开荒，自己种点蔬菜和粮食。他会自己种大白菜还有土豆，有时还会种一些新品种。毫无疑问，在这场开荒竞赛中巴甫洛夫仍然是一枝独秀，遥遥领先。在菜园里巴甫洛夫院士的菜是长得最好的。

后来苏维埃政府给他优厚的条件，让他可以在苏联的任何一个地方给他建造一座别墅。他严词拒绝说："我不需要别墅！我现在在自己的房子里生活得很好。"政府给他订购了一辆美国的福特车，后来没过多久，又张罗为他换一辆款式更新，功能更多的新式林肯轿车。他觉得惊讶："我已经有车了，我从来都不追求奢华。没有必要换车。不需要，我坚决不要。"

他从来也没有给自己买过东西，谢拉菲玛总是不得不强行给他买一些必不可少的衣物。

他对物质生活真的是一点儿都不关心，经常他会不带一分钱就出门了。有一次，他的车在半路上抛锚了，只能坐公交回家，可是他身上甚至连买一张公交车票的钱都没有。他对前来接他的儿子大声说："你快替我补一张车票，我可是蹭车来的。"

完全可以想象，这样一个对物质毫不在意的巴甫洛夫，在听到过去的一个朋友向他建议"把诺贝尔奖金的一部分拿出来做生意"时，他心理该是何等的愤怒。当时，巴甫洛夫火冒三丈，气得真想在这个不长眼的商人身上踩踏上几脚。他说："这些钱是通过我不懈的科研劳动得来的。而当科学家的奖金和做生意赚钱根本就不能混为一谈！"

实验医学研究所得到了一块可以为实验狗建造繁殖场的地，那块地在离科尔图什村不远的郊外，这里只有一座破破烂烂的木板结构的二层小楼，还有一个马厩。巴甫洛夫从实验室的预算中拨了一笔经费给繁殖场，还对繁殖场的一些行政事务进行了细致的研究，但他一次也没有去过那里。因为那一段时间，工作节奏十分紧凑，他已经明显地感觉很疲劳了，助手们都劝他休息一段时间去散散心，去科尔图什待几天。

于是在7月的一天，巴甫洛夫一大早就起来乘坐有轨电车准时到达了火车站，在那里与另两个旅伴碰头，然后一起乘坐列车。巴甫洛夫事先要求同伴不要通知任何一个人，包括对繁殖场的场长也要保密。车厢里人很多，非常拥挤，巴甫洛夫整整站了一路，下车后又走了好长的时间，终于到达了目的地。

一路上，巴甫洛夫都惦记着要玩击木游戏，他还带了准备好的圆柱和木棒。显而易见，一天的长途跋涉并没有让他疲惫不堪，经过短暂的休息，他便迫不及待地要开始游戏。

到1924年7月，巴甫洛夫已经整整七十五周岁了，他决定在科尔图什这个地方成立一个郊外科学研究所。他非常喜欢这个地方，后来这个科研站变成了一座科学城，被人们称为"条件反射实验中心"。

更为难得的是，年轻的苏维埃国家要是建设这样一个科学中心需要付出巨大的代价。百废待兴的艰苦时期，政府率先给巴甫洛夫划拨了一百万卢布作为科研经费，是多么珍贵啊！他还为科尔图什科研工作者建造了舒适的单独住宅和实验大楼。巴甫洛夫亲自跟进工程的进展情况，并且不时督促设计师、管理人员要尽量考虑到未来科学工作的所有特殊需求。

# 4. 急需"实验狗"

整个夏天，巴甫洛夫和他的全家都在这里度过。在一座旧木头房子的上层是一个不大的阳台，阳台三面装有玻璃，这就是巴甫洛夫的家，这让他非常满意。

他经常休息的地方是一个坐起来并不怎么大舒服的、又小又硬的装着木扶手的小沙发。在阳台上摆放着火红的金莲花，那是他最喜欢的地方，画家涅斯捷罗夫在这里给他画了第一张肖像画。而就是这个别墅，巴甫洛夫认为比人民政府为他提供的所有的别墅都好。因为附近有一个不大的花园、一个小菜园以及一个养蜂场，这些都是他最为赞赏的地方。每天早午饭前，他都会坚持到这里先干两个小时的体力活儿，这个习惯一直持续到他八十五岁高龄。他还在住宅的四周种了一些低矮却生命力旺盛的灌木。

理想终于变成了现实，巴甫洛夫越来越热爱他的"中心"。正如他的一个助手科利佐夫写的那样："我曾看到，作为一个已经八十五岁高龄的科学家，他却始终拥有无限的精力和激情，他能够完全投入工作，而这个工作的成果可能要经过十年甚至更久才能获得。"

但巴甫洛夫并不感觉到疲惫,他接二连三地推出新计划，将自己整个身心都投入了自己无比热爱的事业。值得庆幸的是，在国家经济恢复的困难时期巴甫洛夫院士仍然立场坚定，选择正确无误，如果那个时候做出了错误的选择，那一切都将是另一种说法了。在人生的重要的抉择时期，巴甫洛夫奇迹般地顺利挺过来了，并且做到了难以做到的事：巴甫洛夫以他特有的果断精神，一如既往地向未来迈进。

1921年，这个冬天分外寒冷，高尔基以"援助巴甫洛夫教授委员会"的身份来到了圣彼得堡巴甫洛夫实验医学研究所，他想了解一下这个著名科学家最需要些什么帮助。

"你急需什么帮助？"高尔基问。

"需要狗，狗！情况十分严重。"

"我完全料到，有些狗是我的助手们亲自捉来的，现在我恨不得自己也跑去捉狗。"

"就是说，需要做实验用的动物，还需要什么？"

巴甫洛夫还继续念叨着："动物的饲料，因为这些动物需要喂养。一般情况我们会到屠宰场、磨坊等类似的地方弄来些残渣剩料来喂养狗，我们迫切希望这些狗产生胃液，这对医院研究非常重要，现在我们的狗缺少食物，很是虚弱，几乎都不能产生胃液，很是影响实验。"

房间里没有一点热气，和外面一样寒冷。巴甫洛夫的脚上穿着一双及膝的长筒毡靴，身上穿着一件笨重的很厚的大衣，头上戴着一顶保暖的护耳皮帽，坐在那儿几乎一动不动。

高尔基看到了，"显然，你们没有柴烧。"他说。

"是啊，我们非常想用房子来烧烧炉子，但是附近没有木房子，如果可能的话，给点柴吧。希望口粮能增加一倍。不必了，我是从科学工作者之家领取食物的。给我的和给大家的量一样多就行。"高尔基看了看窗户，在办公室里转了转，有许多白色的冰花在昏暗的玻璃上结满了。

令政府代表们诧异的是，院士在谈到有关科研工作的事情时，态度非常坚决地提出了要求，而对他个人的帮助则一概斩钉截铁地拒绝。

当时每天只能供给每人五十五至一百克面包，有些是平日吃不到的。食堂每天只是野菜汤和青鱼，或者黍子粥。面对着缺乏营养的汤和淡而无味的稀粥，许多同事在科学家的饭厅里只有一个劲地摇头叹气，愁眉不展。

而巴甫洛夫此时已经七十多岁高龄了，乐观的老人没有加入愁眉苦脸者之列，他担心的只是能否提供继续工作的条件：如果能不中断研究工作，他仍然能不停止地进行科学探索，就已经很心满意足了。

英国作家威尔斯在一年前来到了巴甫洛夫的实验室。对于俄罗斯当时的现状，他感到很可怕，因为他没有看到一丝光明的前景，他觉得整个国家"一片黑暗"，但是见到那些为工作呕心沥血和被贫困折磨得疲惫不堪的科学家们，他深为震惊。

他说："他们不断地向我提出大量关于外国最新科研成果的各种问题，而且会为自己在这方面知识的贫乏感到无比羞愧……他们既没有先进的仪器，也没有足够的纸张，甚至于实验室里都没有取暖设备，让人惊讶的是，他们却对此毫不在意，全都在忙碌着，卓有成效地认真工作着……这种崇高的科学研究精神太令人佩服了。如果在这个寒冷的冬天，彼得格勒会由于饥饿而死亡，那么这些研究所的伟大的科学家们也同样面临着死亡……然而，他们却对粮食只字不提，甚至完全没有人关心这个问题……在他们的眼里，知识和科学比面包粮食要更加珍贵……"

德国、捷克斯洛伐克、美国的科学院纷纷邀请巴甫洛夫到他们的国家去工作，答应给他优厚的物质待遇，为他提供大量的科研经费以及美味可口的佳肴、安逸的生活，但巴甫洛夫依然选择留在国内。

# 5. 反对战争

巴甫洛夫完全沉醉于自己的科学研究。他不是一个政治家，然而，要他把自己从事的科学同国家大事隔离开来也是不可能的，就是他的性格也不容许对所发生的事情漠不关心。

1914年，战争严重地影响了科研工作，原来做实验的科学工作者大多数都上了前线。在空荡荡的房间里，巴甫洛夫焦急不安地踱来踱去。他密切地注视着战争的发展，拿着自己亲手制作的一面小旗不断地在地图上移动着，如果情况不好的话，他就会骂街。

他坚信，"必须停止这场腐朽的战争，要挽救俄罗斯，只有通过革命才能达到。必须推翻丧权辱国的腐败政府，而除了革命之外，别无他途！"

在1917年的2月，他迎来了一场革命的风暴。崭新的生活制度让他有理由"把自己的工作热情提高到更高的一个阶段"。但是，情况似乎没有想得那么简单，局势变得复杂了，在各个党派之间发生了冲突，所以又成立了由克伦斯基任主席的临时政府。

巴甫洛夫把自己称为"彻头彻尾"的科学家，因此，他一时还不能立刻对这一切作出正确的评论。克伦斯基出现在临时政府的政治舞台上使巴甫洛夫感到了绝望。

巴甫洛夫认为，十月革命的俄国非常脆弱，它将会被军事大国所瓜分。但是，年轻的共和国将外国的武装干涉者赶了出去，同时也彻底消灭了白匪军，她总算是挺过来了，接下来就是开始建设新的国家了。在科学上，巴甫洛夫教授仍然坚持只相信事实，而在生活方面，巴甫洛夫曾以挑剔的眼光观察所发生的事情，但是生活的事实使他很快乐。

他这个不知疲倦的勤奋者非常希望和拥护"消灭贫富差别"的提法，现在这个新生政权实现了按劳分配。在这个多民族的国家里各民族之间建立了真正的平等和兄弟般的友谊，这让巴甫洛夫非常满意，在世界历史上，俄罗斯人民第一次解决了遗留了多少个世纪的民族问题，而且是以这样民主和正当的方式。

新的人民政府非常关心艺术的提高和科学的发展，非常重视群众性的普及教育，这令巴甫洛夫感到格外高兴。这个非凡的"社会性的实验"唤起了巴甫洛夫的极大热情，尽管他非常喜欢说："我不是社会主义者，也不是共产党员。"

他认真地观察了列宁的活动。最后他得出了结论，列宁是一个最实事求是的人，一个最伟大的学者和杰出的政治家。巴甫洛夫认为，一个英明伟大人物的标准是能够在极其复杂和混乱的局势中摆脱出来，并见机行事。

巴甫洛夫认为，在二月革命后的危急关头，列宁审时度势，不顾人们的疯狂反对，引领人们取得了十月革命的成功，列宁对遭到世界大战、外国武装干涉、国内战争破坏的国家经济状况分析得十分正确。在巴甫洛夫的心目中，他不仅是个十分杰出的政治家，更是一个真正的学者，尽管列宁研究的是"某种社会结构学"。巴甫洛夫深信，列宁应该最了解他的科学需要。于是巴甫洛夫决定给列宁写信，把自己实验室的困难告诉他。

1921年1月，高尔基正在苏维埃成立的改善科学家生活的中央委员会机关工作。列宁邀请他到克里姆林宫商量一下这件事情。高尔基说："工人阶级才是国家真正的主人，完全有权利在欧洲人面前因为这个机关自豪。"

2月初的时候，在《消息报》上刊登了人民委员会的关于为保障巴甫洛夫的科研工作顺利进行创造优越条件的决定，这个文件是由列宁亲笔签署的，它"对于全世界的劳动人民来说，具有重大的意义"。高尔基带着委员会的成员到巴甫洛夫的实验室来视察。回去以后，从国家预算中为巴甫洛夫的科研工作拨出了一笔经费。在当时那个年轻共和国困难的年代里，这是一笔不小的支出。

两年后，巴甫洛夫在给国外朋友们的信中倾吐了自己的心声："尽管我的身边已经有许多助手，我情愿把所有的志愿者都吸收进来，因为我的工作正向更大的规模发展。"科学家又重新精力充沛地投入了研究工作之中。在政府的大力支持下，研究工作继续进行了。巴甫洛夫不愿意辜负社会主义国家对他的信任和期望，他把自己的全部力量都投入到他所热爱的科学之中。

外国的著名科学家接连不断地前来了解他的工作情况，并参观巴甫洛夫的实验室。


# 6. 不服老

巴甫洛夫总是习惯在每个星期二的午饭后，什么也不干，只是静静地享受他的"肌肉乐趣"。所以，只要一到星期二，无论是有多少事，也不管事情有多紧张，他都会将一切抛之脑后。这个时候，巴甫洛夫的心情总是很好，至于其他的时间，每天甚至每小时都是不容侵犯，他的工作周还有每天的时间表都是严格计划好的。

巴甫洛夫还组织了"自行车运动小组和体操爱好小组"，并且几十年如一日地参加这个组织的活动。从刚一上中学，巴甫洛夫就常常带着孩子们一起参加活动。

巴甫洛夫会根据每个成员参加锻炼的频率给他们分类。把最勤奋、最努力的称为光荣的"台柱子"，而把懒散的称之为"木屑"或是"废物"。等到晚上，这种锻炼就会变成充满乐趣的娱乐晚会，或者说是劳逸结合的最佳休息方式。这个绝妙的主意当然也是最重要的"台柱子"巴甫洛夫教授本人想出来的。

有时候有人在双杠上双腿不敢前后摆，或者在荡的很高的秋千上不敢停留一会儿时，总是会受到巴甫洛夫的嘲笑。然而他那爽朗和孩子般纯真的笑，却让别人难以为此生气。巴甫洛夫臂力惊人，他自己就是一个优秀的体操运动员。

但他跳高时却总会"碰杆"，每当这时就会引起其他人的嘘声。小组成员们也从不放过这能够报复他们"台柱子"的好机会。这样一来，在体育活动中他们不仅能够得到"肌肉的快乐"，还能心情愉快起来。

在每周二的体育活动中，巴甫洛夫都注意观察自己身体的变化，自己的身体毫无疑问是巴甫洛夫最方便的科研对象。他目光睿智而且犀利，好像周围的任何东西都值得探究一番。巴甫洛夫总是喜欢用自己的实验举例说明，尤其是在"星期三讨论会"上和自己的助手们讨论一些心理学问题和神经系统的活动时。

巴甫洛夫经常生动地叙述往事，他总是回忆自己青年时候的事情，因为他的精彩的青少年时代给他提供了无穷无尽的生活素材。所以他常常进行分析比较，沉浸其中。

巴甫洛夫跟所有倔强的人一样，很不服老，他疯狂地热爱着生活和工作，他认为人走向衰老是大自然的应该修正的一个错误。他常常说："我一定要活到一百岁！我要为此而努力斗争。"

逐渐步入老年的巴甫洛夫，对大自然的这个谬误也毫无办法。他总是觉得自己记忆力下降的厉害，反应和灵活性也大不如前。但是身边的人却不会这样认为，他们都觉得他精力旺盛，智力超常。

当巴甫洛夫八十高龄时，画家涅斯捷罗夫为了给他画像，花了好几个星期的时间到科尔图什来。他俩谈得十分投机。涅斯捷罗夫曾经回忆说："巴甫洛夫的智慧火花一点也没有因为年龄而变得暗淡：他谈起生物学、文学和所有学科、生活的话题时，仍是那么条理清楚、生动并令人确信不疑……他总是非常激动地表达自己的观点，还像年轻时那样坚持己见。"

画家把已经画好的巴甫洛夫的肖像送给了他。巴甫洛夫对此非常感激。因此他说出了一番肺腑之言："如果你到了垂暮之年，仍然能够拥有这样生动友好的情谊，实在是一种不可多得的幸福。祝愿你在你的艺术创作中能体会到快乐。就像是我在我的科研工作中享受到的无限生活乐趣一样。"

巴甫洛夫仍同以往那样，积极地精力充沛地度过他人生中最宝贵的时光。他继续怀着对生活的"无限乐趣"工作，甚至将自己的死亡也变成了自己科学研究的来源。这个与众不同的人物，直到他生命的最后一刻，仍然是一位纯粹的科学家。

# 7. 晚年的病情

巴甫洛夫在急不可待地和神经病理学家们讨论自己的感觉，他向走进来的护士喊道："请你给我一点时间吧！巴甫洛夫的时间所剩无几啦！巴甫洛夫就要死啦！……"此时巴甫洛夫已经享有八十六岁高龄，但认识他的人都很难相信，他很快将走到生命的尽头。他的生活一直是那么充实，身体一直是那样健康，疾病似乎从来都是躲着他走。

只有两次不愉快的事情，在他年近高龄的时候发生过：罗布欣斯基大街是去研究所的必经之路，那里有个水沟，要去实验所就得绕过它。一次，巴甫洛夫因为急着去研究所，他不愿意像别人一样绕过去，而只是简单地一跳，结果没有跳过去，滑了一下，跌倒了，摔成了骨折。

巴甫洛夫艰难地用双手把身体撑起来，好不容易才从沟里爬出来。这下平时练习的体操派上了用场，他双手紧紧抓着沟旁边栅栏上的横杠，身体已经悬空。他就是保持着这样的姿势一直等着"急救"马车的到来。大约过了一个小时，才有马车从这里经过。然而，在马车上还是他对自己进行了紧急救治，把伤腿抬了起来，还进行了牵引。

巴甫洛夫如今已经上了年纪，大腿骨折对他来说可不是一件小事。如果像其他人那样的体质，很有可能会落得个终生残废。然而巴甫洛夫却精神依旧，甚至不肯停止继续玩击木的游戏。有时候打得不好，他就会生气地说："唉，都是这条该死的腿！"

岁数更大的时候，巴甫洛夫又生了一次病，这次情况比上一次更加严重，他不得不住院接受手术。医生建议请著名的德国外科医生给他治疗。

巴甫洛夫很生气地说："德国的医生就一定比我们俄罗斯的外科医生好吗？"他对莫斯科的一位教授说："我自己特别不愿意给我非常熟悉的狗做手术，马尔登诺夫教授，我和您是初次相见，因此，我想请您帮助我摆脱病魔。"

在接受手术的前后，巴甫洛夫都十分认真观察着自己的心理感受和"自己机体生理的各种外部现象"。他叫研究所的一位老科研人员彼得罗娃来帮助他，和她一同分析自己机体的变化，甚至他们还做了一些可行的实验。

这就是，为什么四年后，他的学生阿诺欣生病了，需要动手术，巴甫洛夫用自己非常独特的方式来"安慰"他。让他忘记恐惧，仔细体会自己的感受。当然效果也非常好。

巴甫洛夫本来被诊断为胆道结石，但他很顺利地摆脱了病魔，病情马上就好转了。他很快觉得自己精力旺盛起来，似乎又恢复了原有的精力。快出院时，他将大伙聚拢到一块，巴甫洛夫请求全体的医务人员和病友都来参加。大家都聚到了一起，他们都以为巴甫洛夫院士是要和他们告别。出人意料的是，他站在人群的中央，开始口若悬河地讲起了课。病了一场，无事可做的日子把巴甫洛夫都快逼疯了，而对于工作的中断，他那极其活跃的性格是无法忍受的。

正好他的一个助手来医院看望他，所以记录了他的这次讲话，这一篇充满了温情的讲话，就被记录和保存了下来。

这真是一次特别的讲演。这位卓越的科学家用纯真朴实的话语，表达了对于人们的由衷感谢，赞誉了人们的无私和善良，他的感情非常强烈。

他说："五个星期前给我做了手术。外科医生给我做了麻醉，然后打开我的腹腔，找到了使我痛苦的元凶——一个个头不大的、模样像小球的东西，很轻但是很硬，这个坏家伙就像一个晒干的大豆粒，非常粗糙。医生们发现了它，并把它从我的腹腔中取了出来。然后医生们关心的是怎样治疗我的伤口……手术十天之后，虽然我还在医院里住着，但我感觉我的病彻底好了，我又能活下去了。在我们得到别人的帮助时，自然就会萌生知恩图报的念头。每当我一想到身体的痊愈，就不由得问自己：是谁给了我第二次生命？我应该为我的救命恩人做些什么？

"根据我个人的理解，这个问题不是三言两语就能够说明白的……如果更深一层地看待这件事情，那就说来话长了。我的生命应该属于谁，这可以说是一段已经延续了上千年的历史了。

"借着这个机会，我想跟大家说一下我的病情。我的病就是在胆汁流向肠道的胆管里面长了一块结石。这块结石会不定时在胆管里面运动，堵塞胆汁流向肠道的通道……尊敬的医生们根据我的种种病症诊断出了我的病。他们把管壁切开，取出了里面的一块结石。事情看起来好像就这么简单，多亏了参加我手术的全体医务工作者们，因为有他们的合作手术，我才会痊愈的这么快。

"但我现在想讲的是其他的一些恩人，他们当中的大多数已被大家遗忘，但是他们从未停止全心全意地照顾需要帮助的病人。

　　"首先第一位恩人就是发现我得的这种病的人。在古希腊，疾病种类纷繁芜杂，当时有一名医生发现了这种病。这种病表现的临床症状是，开始时在右肋下部感到疼痛，有时候疼的十分剧烈，令人无法忍受，然后就会出现消化功能失调。由此产生了问题，如果想彻底弄清楚这种病的实质，就必须把我们的身体结构以及它的工作状态搞清楚。

　　"这一认知过程持续了大约两千五百年。科学的认知过程总是需要很多年的时间。从知道肝脏可以分泌出来胆汁开始，人们开始研究肝脏……没过多久，另外一个医生又发现了，原来胆汁是沿着从肝脏中长出的一个细小的管道流入肠道的。再后来，在最近的大约三百到四百年前，人们在这个小管子发现了结石。又经过了大概一百年，研究发现这些结石对人体有害，因为它能堵塞管道。

　　"大家由此以看到，我能够重新康复，需要经过了约两千年，在这一段漫长的岁月里，医务工作者们以极大的努力孜孜不倦地研究有关人体结构、消化道器官的工作状况及该类疾病和治疗方面的知识。以上所有的人都应该算作我的救命恩人，我真诚地感谢他们。

　　"但是这还远远没有结束。在我马上就八十岁的这个年纪，医生们没有退缩，他们为我做了这样的手术。但是，如果医生还是按照两百年前那种方式给我做手术，我恐怕活不到现在了。我的病被确诊只是个开始，做手术时所需要的药品也必须全部找到。这样在给我手术打开腹腔时，我才不至于痛得无法忍受。

　　"说到这里，我还得感谢那些发明了麻醉药品的人们。这种药是在大约九十到一百年前才发现的……这还不够……很多手术尽管做得漂亮，但仍然会有病人在手术后死亡……那是因为，在我们的周围都布满了肉眼看不见的细菌。

　　"为了对付这些细菌，李斯特和巴斯德进行了一些特殊的研究工作。他们两个，一个发现了这些肉眼看不到的微生物，一个则把这一发现运用在了外科学上。

"……接下来要说的是，站在这里的恩人，说说现在站在这里的医生和其他的全体医务工作者都做了哪些工作。首先，医生对搜集来的各种相关疾病信息进行研究和分析，把各种不同的疾病加以区分。其次他们还要掌握外科技能，这样在做手术时才能有条不紊，做到得心应手。

"外科医生做手术当然不会只有一个人，而是有许许多多的人加入其中，当然需要辅助人员的配合。这些辅助人员也一定要具有丰富知识。从旁协助的配合医生应该随时注意麻醉的进展情况，探寻病人的呼吸，掌握病人的心脏跳动情况。

"护士在其中也是一个必不可少的角色。病人的生命和她们的工作同样是密不可分的。护士必须要按要求对手术用具进行消毒。护士还要严格按照医嘱，密切关注病人的体温变化及其他反应。

"还有你们，助理护士和清洁工，这些美丽的姑娘们把我照顾得无微不至。手术后，我有时想躺着，有时想坐着，但我自己是无法做到这些的，只有依靠她们的帮助，我才能如愿以偿。她们还定时为病房打扫卫生，使我们的病房保持干净整洁。瞧瞧，这些可全都是她们的功劳。

"所以大家看一下，我的恩人得有多少，正是因为他们辛勤努力地工作，我才能得以迅速痊愈。所以说，救死扶伤真的是一件复杂、崇高的事情！

"以上提到的这些恩人，我向你们表达无限的感激之情。同时，也激励我今后将更加努力地完成自然赋予我的使命……"这一大篇话说完，巴甫洛夫对所有的与会者，深深地鞠了一躬。

巴甫洛夫就是如此与众不同，因为他没有被局限在科学这个小的范围中。他的学习态度、人格品质，他方面面都在影响着周围的人们。所以在巴甫洛夫生命的最后十到十五年里，他在科学界取得了举足轻重的地位，他的名字越过了科学界，传到了世界的角角落落。

# 8. 巨星陨落

　　天本来该变暖了，冰雪都要解冻了，但是天上突然刮起了暴风雪，严寒又一次突然降临大地。

　　巴甫洛夫本来应该留在科尔图什的，可是他想回到彼得格勒的家去，于是便决定出发了。何况，雅致的"林肯牌"轿车在台阶旁等着呢，当时车里还没有取暖装置，他从不穿皮大衣，薄薄的大衣抵挡不住车里的冷气。巴甫洛夫本来打算穿得暖和一些，但觉得天气不错，也没多想，穿着轻便的皮鞋便出门了。半路上汽车的发动机出了些故障，抛锚了。巴甫洛夫只好在车里坐了一会儿，互相拍打着双脚取暖，后来只好下了车，走到肆虐地呼啸着的暴风雪里。

　　"我下来走回去吧，"他对波特金说，于是顶着刺骨的寒风，他快步行走，这样可以使身体暖和过来。巴甫洛夫用手紧紧地挡住胸部，捂得严严的，可还是无济于事。鞋里已经塞满了积雪，脚早就冻僵了。巴甫洛夫走在路上，他频频回头看，可还是见不到汽车的踪影。仿佛故意和他作对似的，道路两旁也没有一辆公共汽车。

　　狂风呼啸着刮过来，时而迎面吹来，时而从侧面袭击他。脚底下有风搅着雪刮过地面，但是巴甫洛夫已经不再用指头从冰冷的鞋里往外掏雪了。他还是像平常一样，一点都不为自己的健康着想。终于，后面出现了车灯的亮光，并且这亮光很快便靠近了。"林肯牌"轿车的门被打开，巴甫洛夫钻了进去，同时把一床方格毛毯盖在脚上。

　　"冻坏了吧？"司机紧张地问道。

　　"没什么，没什么，喝杯热茶，一会就暖过来了，一切都会好的。"

快中午的时候，他们到家了，午饭吃的是小薄煎饼，巴甫洛夫对于谢拉菲玛的抱怨毫不理睬，他自管自地一边吃着煎饼，一边和孙女米洛奇卡说着话。午饭过后，他就躺下休息了。等到晚上9点，他才起来喝茶。他看起来似乎有些疲惫，要求谢拉菲玛给他铺床。

"本来应该干点什么的，可是我有点不大舒服，感到浑身没有力气。"他有点闷闷地说。谢拉菲玛突然被一种说不上的恐怖情绪给感染了。她抬头仔细地看了看他，不由想起了前段时间那件让人心有余悸的事，那是在科尔图什发生的，她那时就忽然有种不祥的预感。那天他们两个人静静地坐在露台上喝茶，巴甫洛夫在读着自己的论文，谢拉菲玛摆着纸牌。快吃午饭了，按照习惯，他们该出去散步了，谢拉菲玛回房换衣服，不一会儿穿戴好了走出来。

她说："我们该走了，不然就赶不上吃午饭了。"

巴甫洛夫一边把文章搁在一边，一边回应她说："好了，这就走，这就走。"就在他刚一离开桌子的一刹那，突然从天花板上"啪"地掉下来一大块泥灰，正好砸在他之前坐的地方。现在一股类似的恐惧向谢拉菲玛袭来，虽然没有发生什么危险的事。巴甫洛夫照样脸色平静地和往常没什么两样，兴高采烈地和孙女们大声说话。

可是谢拉菲玛不知道，巴甫洛夫已经不像以往那样了。在他最近重病后一封给伦敦的迈斯基的信中写道："该死的，让人诅咒的流感！它几乎要扼杀掉我要活到一百岁的信心了。它给我留下了病根。虽然到此刻为止我没有改变我工作的安排和规模。"看起来，他似乎已经感觉到自己精神劲头减了不少，体力上、精神都大不如从前。

周末，大家和往常一样聚在一起玩"傻瓜"。巴甫洛夫想站起来，但是他却感到浑身无力，于是他让大家在他的床边来玩，自己就在旁边观看。当他看到有人发错牌或者打错牌时，他就十分着急。当牌局快要结束的时候，他终于忍不住说："没有我加入你们简直胡来了，等下个周末让我告诉你们该怎样玩吧。"

巴甫洛夫最亲密的学生之一、病理学家和生理学家斯佩兰斯基回忆道："那一次，他只是患了轻微的流感，但是就在快要痊愈的时候，病情却突然加重了。最后这天的早晨整个人看上去更加显得焦躁不安。医生来给他看病的时候，他忧虑地对医生说，自己感到有点异常，这种情况从来没过。并且他还补充说，他有些词不达意，本来想说这个，结果说出嘴的却是那个，另外手脚也多少有些不听使唤，不受支配了。巴甫洛夫艰难地对医生说：'对不起，这是皮质、皮质、皮质水肿！'在场的内科医生和他解释了，说明那不是水肿，可是这也没有用处。巴甫洛夫干脆对这些医生表示出厌恶来，宣布他对这些医生的话不感兴趣，要求另请一个神经病理学家来。

　　"也许他在等待的时间表现出极端的暴躁只是一种普通的病理现象，但事实上完全不是这样。当尼基京教授到来后，他和巴甫洛夫一起对使他坐立不安的神经症状学的问题做了详细认真的讨论，那之后，病人很快就安定下来，并安然进入了梦乡。后来，事实也证明了巴甫洛夫的症状确实是皮质水肿，他对自己所作的最后的诊断是完全正确的。

　　"两个小时后，病人再一次醒过来了，这时大家都意识到他可能即将离他们而去……巴甫洛夫半睡半醒地地躺在那里，处于半昏迷状态，间隔一会儿被唤醒来喝水或是吃药。每一次醒来，他都会问：'现在几点啦？'谢拉菲玛寸步不离地守在他的身边。在他去世前的一刻钟，她紧紧握住他的手，轻声地说：'伊凡，请握着我的手。'于是她把自己的手放进他的手心里，他使劲地握着，把她都握痛了。"

　　"在这以后"，斯佩兰斯基曾这样记录，"他有两次又表现出了急躁的情绪，他掀开了被子，试图站起来，还努力地把脚伸到床下去，但他那时已经明显地气力不支了。这时他对在场的人说道：'你们怎么啦？是时候了，到该走的时候了，你们快帮帮我。'"

　　一个静悄悄的清晨，彼得格勒的居民上街后发现，全城都在下半旗志哀。无线电里的广播员向全世界发表通告，这位伟大的生理学家逝世。"苏联科学院和全国人民都对这位世界著名的科学家表示沉痛的哀悼，伟大社会主义祖国公民，最伟大的天才科学战士。巴甫洛夫用他87岁的一生证明了科学创造的伟大和力量。在全世界和子孙后代面前，巴甫洛夫高高举起了苏维埃科学的一面旗帜。"

巴甫洛夫的遗体安放在道利达宫，形形色色的人们接踵而至，都来瞻仰这位伟大的生理学家的遗容。这人群里有科学家、工人、作家、红军战士、飞行员、坦克手、职员、中小学生和少先队员。

巴甫洛夫的战友和学生胳膊上戴着黑纱守灵，巴甫洛夫是祖国科学的光荣和骄傲，这些人都是属于他的学派。他们将沿着他的足迹光荣地继续他的探索，领导他所创办的科研机关。科学院和医学科学院的院士和通讯院士、功勋科学家、教授、阿诺欣、罗森塔尔、阿斯拉强、贝科夫、斯特罗加诺夫、彼得罗娃、比留科夫、克利普斯、加尼克、库帕洛夫、斯佩兰斯基、奥尔别利、克拉斯诺戈尔斯基……

著名的生理学家乌赫托姆斯基说："在这50年来，巴甫洛夫一直领导着这个学派的工作，而且工作成效日益显著，他是这个学派的杰出领袖……目前，巴甫洛夫学派已是科学史上的盛况，无论在活动规模方面，或是在过去和现在为科学献出自己的智慧和力量的工作人员数量方面。这些人们为能成为巴甫洛夫学派的成员从事共同事业而高兴。我想，这就是学派力量的精髓。"

绿树掩映，百花围绕，伟大科学家的墓碑就静静矗立在其中。巴甫洛夫的浮雕像刻在椭圆的墓碑上，肖像下刻着两行字：

伊凡·彼得罗维奇·巴甫洛夫

1849—1936

附

录

# 巴甫洛夫生平

　　巴甫洛夫于1849年9月26日出生在俄国中部的梁赞小城。他的父亲是位乡村牧师。母亲是一位牧师的女儿，温柔贤淑，具有典型的俄罗斯女性特点，她有时会去富人家帮忙做一些活儿贴补家用。作为父母五个子女中的长子，巴甫洛夫自幼便很有责任感，同时学习勤奋、兴趣广泛。他家房顶有一个小小的阁楼，是父亲藏书的地方，巴甫洛夫经常爬到阁楼上阅读赫尔岑、车尔尼雪夫斯基等人的进步著作。

　　1860年，巴甫洛夫进入梁赞教会中学，1864年毕业后进入梁赞教会神学院，打算将来当一名传教士。此时的革命民主主义者正在积极活动，他从《动植物世界的进步》中，知道了达尔文的进化论，并受到当时著名的生理学家谢切诺夫的《脑的反射》一书的影响，对自然科学产生兴趣，逐渐放弃神学，接受革命先驱的思想。

　　1870年，二十一岁的巴甫洛夫和弟弟一起考入圣彼得堡大学，先是在法律系就读，后来转学物理数学系的自然科学专业。大学三年级时，他选修了齐昂教授的生理学课，开始对生理学和实验产生了浓厚兴趣，从此投入到生理学的研究。

　　虽然在大学期间的生活比较清贫，但巴甫洛夫学习十分刻苦，在四年级时和同学共同完成的第一篇科学论文获得研究金质奖章，因此而小有名气。1875年，巴甫洛夫从圣彼得堡大学生理学系毕业，获得生理学学士学位，接着进外科医学院攻读医学博士学位，在此期间他担任老师的助教。

　　1878年，应俄国著名临床医师波特教授的邀请，巴甫洛夫到医院主持生理实验工作。在那间窄小得像是澡堂的小屋子里，巴甫洛夫工作十年，在这里，他主要研究血液循环、消化生理、药理方面的有关课题。

巴甫洛夫三十一岁时和教育系的女学生谢拉菲玛结婚，组建了一个幸福美满的家庭。婚后妻子悉心照顾他的生活起居，把家庭料理得井井有条，使他能安心扑在工作、实验上。

1878年至1890年，巴甫洛夫重点研究血液循环和神经系统作用的课题。在极为恶劣的条件下，巴甫洛夫仍然坚持研究，并发现了胰腺分泌神经。不久，又发现了后来以他的名字命名的"巴甫洛夫神经"，即在温血动物的心脏内存在一种特殊的营养性神经，它只能控制心跳的强弱，而不影响心跳的快慢，因此开辟了生理学的一个新分支——神经营养学。1883年，他通过了博士论文《心脏的传出神经支配》，获得了帝国医学科学院的医学博士学位，以及金质奖章和讲师职务。

1884年至1886年期间，巴甫洛夫到德国莱比锡大学路德维希研究室进修，继续研究影响心脏搏动的因素。他提出了心脏跳动的节奏和加速由两种不同的肌肉在进行，并且是由两种不同的神经在控制。1886年，他从德国回来后重新回到大学的小木屋，继续进行狗的"心脏分离手术"。

他用健康的动物做慢性实验，长期观察动物的正常生理过程。他还创造了外科手术，在研究整个消化系统的过程中引入外科手术，彻底弄清楚了神经系统在调节消化过程中的主导作用。巴甫洛夫创造的条件反射学说指出，味觉器官感受到食物的刺激便会通过神经传递给大脑，大脑再通过迷走神经刺激胃分泌胃液。他因为条件反射学说而领取了"诺贝尔奖"的生理学奖，他是全世界第一个获得该奖项的生理学家，也是首位获此殊荣的俄国科学家。

从1903年开始，巴甫洛夫有三十多年一直致力于高级神经活动的研究。他发现大脑皮层机能一直不停活动，而且这种活动是有规律的，并以此规律创立了动物和人类高级神经活动学说，打击了当时的唯心主义心理学。晚年的巴甫洛夫研究精神病学，认为人能对外部世界的直接影响产生反应，这是人体的第一信号系统。此外，人还有第二信号系统，就是引起人的高级神经活动发生重大变化的语言。他的第二信号系统学说解释了人类特有的思维生理基础。

巴甫洛夫是一位专心投入学术研究的典型学者。十月革命初期，饱受战争之苦的俄国人民生活极其贫困，巴甫洛夫对生活和工作充满了热情，恶劣的环境并没有阻挡住他在科学道路上前行的脚步，直到生命的最后一刻，他都保持着旺盛的激情。1936年2月，弥留之际的"生理学的无冕之王"，俄国伟大的生理学家巴甫洛夫让一名学生记录下自己对死亡的感受，留下最后一笔宝贵的科学财富。

巴甫洛夫曾经感言："科学需要一个人贡献出毕生的精力，即使拥有两次生命，对于科学来说，这些时间仍然是不够的。"在巴甫洛夫逝世后，为了纪念这位伟大的人民科学家，人民修建了纪念馆和纪念碑，以此表达对他的敬仰。

# 获奖时代背景

　　20世纪前半期，生理学研究在各个领域都取得了丰富的成果。1903年英国的谢灵顿出版了他的名著《神经系统的整合作用》，对于脊髓反射的规律进行了长期而精密的研究，为神经系统的生理学奠定了巩固的基础。

　　与此同时，巴甫洛夫从消化液分泌机制的研究转到以唾液分泌为客观指标对大脑皮层的生理活动规律进行了详尽的研究，提出著名的条件反射概念和高级神经活动学说。他的主要成就有：1.心脏的神经功能；2.消化腺的生理机制(获诺贝尔奖)；3.条件反射研究。对以后心理学发展影响最大的是由他的条件反射研究所演变成的经典条件作用学习理论。

　　1904年因消化腺生理学研究的卓越贡献而获得诺贝尔奖金。他又是用条件反射方法对动物和人的高级神经活动进行客观实验研究的创始人，也是唯物主义高级神经活动学说的创立者。他开始时研究血液循环和消化功能，但主要工作是关于高级神经活动的研究。从1903年起连续三十年运用"条件反射"方法研究了动物的行为、心理活动，并提出了人有第一和第二两个信号系统的思想，认为人除了有第一信号系统——对外部世界的影响产生直接反映之外，还有第二信号系统，即引起人的高级神经活动发生重大变化的语言和符号反映功能。由此建立了高级神经活动的新学说。他的高级神经活动学说把人脑的"第二信号系统"看作是先天性大脑机能，不仅对医学界和生理学界产生了巨大影响力，而且也对辩证唯物主义哲学体系的发展产生了巨大影响，尤其是对哲学的有关语言和思维的相互联系影响较大。至今，辩证唯物主义哲学有关感觉反映和逻辑认识之间的联系依然是建立在巴甫洛夫的高级神经活动的理论基础之上的。

# 巴甫洛夫年表

1849年9月26日，出生在俄国的梁赞市。

1869年，毕业于梁赞教会神学院。

1870年—1875年，就读于圣彼得堡大学。

1876年—1880年，在军事医学院实习。

1880年—1883年，与谢拉菲玛·瓦西里耶夫·卡尔切夫斯卡娅结婚，并开始研究心脏的神经。

1884年—1886年，跟随鲁道夫·海登海因在布雷斯劳做研究，后来又和卡尔·路德维希在莱比锡进行实验和研究。

1890年—1891年，被任命为军事医学院教授，并担任皇家实验医学研究所生理学部的负责人。

1897年，撰写的《论消化腺的活动》一书出版。

1903年，1936年，研究高级神经系统的生理。

1904年，获诺贝尔生理学和医学奖。

1907年，当选为俄国科学院院士。

1910年，开始建造"静塔"。

1918年—1921年，巴甫洛夫的儿子维克托在俄国内战中战死；另一个儿子弗谢沃洛德移居国外；列宁颁布法令为巴甫洛夫的研究提供足够的物资保障。

1923年，《动物高级神经活动(行为)客观研究二十年经验：条件反射》出版。

1927年，出版《大脑两半球机能讲义》。

1929年，在科尔图什建造高级神经活动实验遗传学研究所。

1935年，主持在彼得格勒召开的第十五届国际生理学会议。

1936年2月27日，逝世。

# 获奖当年世界大事记

## （1904年）

1月13日，日本向俄国发出最后通牒。

2月 8日，日本偷袭旅顺，日俄战争爆发，东北成为战场。

2月12日，外务部宣布日俄开战，中国严守局外中立。

2月15日，秘密团体华兴会成立，会长黄兴。

4月19日，英军侵入西藏的江孜。

5月21日，中国《苏报》案了结。

5月29日，中国红十字会成立。

7月1日——11月23日，圣路易斯奥运会。

7月10日，巴拿马政府把运河区划给美国。

7月15日，俄国作家契可夫去世。

9月7日，英国强迫西藏签署《拉萨条约》。

10月1日，英军退出西藏。

10月17日，张伯苓创办天津南开中学。

11月20日，陶成章、龚宝铨、蔡元培在上海成立光复会。蔡元培被推选为会长。从此，光复会成员著书立说，创办学校、报刊、书局，开展革命活动，在各革命团体中，成绩最大，影响最广。

12月7日，美国胁迫清政府签订的《中美会订限制来美华工保护寓美华人条款》期满，旅美华侨十余万人要求清政府改约，遭美拒绝，激起中国各界反美运动。